창조주를 찾는 길 (짧은 말씀들)
ⓒ 베디웃자만 사이드 누르시, 2025

초판 1쇄 발행 2025년 9월 24일

지은이	베디웃자만 사이드 누르시
번역자	고화영
편집자	코리아누르팀
펴낸이	이기봉
펴낸곳	도서출판 좋은땅
주소	서울특별시 마포구 양화로12길 26 지월드빌딩 (서교동 395-7)
전화	02)374-8616~7
팩스	02)374-8614
이메일	gworldbook@naver.com
홈페이지	www.g-world.co.kr

ISBN 979-11-388-4705-6 (03230)

- 가격은 뒤표지에 있습니다.
- 이 책은 저작권법에 의하여 보호를 받는 저작물이므로 무단 전재와 복제를 금합니다.
- 파본은 구입하신 서점에서 교환해 드립니다.

리살레이누르

창조주를 찾는 길

베디웃자만 사이드 누르시

머리말

자비로우시고 자애로우신 하나님의 이름으로

세상이 창조되었을 때부터 지금까지 인류는 '인간이 세상에 온 목적이 무엇인가'라는 의구심을 품고 올바른 답을 찾고 있습니다. 본 책의 저자 베디웃자만 사이드 누르시(Bediuzzaman Said Nursi)는 인간이 세상에 온 목적은 자신의 창조주를 알고 그분을 사랑하는 것이라고 설명합니다. 본 책에서는 인간이 자신의 창조주를 알며 사랑하는 것이 신앙이며, 신앙과 불신으로 인해 일어나는 결과를 단순하고 논리적으로 설명하였습니다.

우리 코리아누르팀은 원본을 유지하기 위해 가급적 의역이 아닌 직역을 하였습니다. 이와 관련하여 몇 가지 설명이 필요할 것 같습니다.

1. 원본에 있는 아랍어는 한국어로 정확하게 표현하는 것이 불가능하여 문장 전체의 의미를 유지하지 못하므로 원본에 없는 각주를 기재하게 되었습니다(예: Malik-I Ebedi, Hakim-I Ezel 등).
2. 본 책에 있는 이슬람교와 관련된 어떤 표현들은 한국 독자들이 잘 알지 못함으로 각주로 설명하였습니다(예: 우두, 하디스 등).
3. 존경스러운 저자의 아랍어 원본 작품을 튀르키예어로 번역하신 그 분의 동생 압둘메지드 누르시(Abdulmecid Nursi) 학자는 원본에 있는 일부분과 기도를 번역하지 않으셨습니다. 왜냐하면 튀르키예어로 아랍어의 표현을 정확하게 할 수 없을 뿐만 아니라 기타 이유들도 있었기 때문입니다. 저희도 마찬가지로 일부분은 번역하지 않았습니다. 궁금하신 독자분들은 본 작품의 원본을 참고하시기를 바랍니다(www.erisale.com).

본 책은 원본과 정확하게 일치한 번역이라고 판단하기 어렵습니다. 이 책의 저자인 존경스럽고 위대한 이슬람 학자 베디웃자만 사이드 누르시의 모든 저서를 번역할 수 있는 한국 형제자매를 허락해 주시기를 자비로우신 하나님께 기도드립니다. 저희가 한 것은 그런 분들을 하나님께서 허락해 주시도록 하는 기도뿐입니다.

진실한 성공과 인도는 하나님의 뜻입니다.

2025년 8월
코리아누르팀

목차

첫 번째 말씀 • 10

두 번째 말씀 • 17

세 번째 말씀 • 23

네 번째 말씀 • 29

다섯 번째 말씀 • 34

여섯 번째 말씀 • 40

일곱 번째 말씀 • 51

여덟 번째 말씀 • 63

아홉 번째 말씀 • 80

스물한 번째 말씀 • 104

등한시하는 자에 대한 경고와 교훈 • 119

머리말 • 124

자비로우시고 자애로우신 하나님의 이름으로

وَ بِهِ نَسْتَعِينُ

"오로지 그분으로부터 도움을 청하라"

اَلْحَمْدُ لِلهِ رَبِّ الْعَالَمِينَ ❖ وَ الصَّلَاةُ وَ السَّلَامُ عَلَى سَيِّدِنَا مُحَمَّدٍ وَ عَلَى اٰلِهِ وَ صَحْبِهِ اَجْمَعِينَ

"영원한 과거와 미래의 모든 종류의 감사와 찬양과 찬미와 고마움은 세상의 주인이신 오로지 하나님의 것입니다. 무함마드(그분에게 하나님의 평화가 깃들기를)와 그의 가족과 제자들에게 평화와 안녕이 깃들기를!"

형제여! 당신은 나에게 몇 가지 조언을 듣고 싶어 했습니다. 당신이 군인이기 때문에 군사와 관련된 비유적인, 여덟 개의 이야기와 몇 가지 진실을 설명할 테니 나와 함께 들어보십시오. 왜냐하면 나는 나 자신이 누구보다 더 조언을 들어야 한다고 생각하기 때문입니다. 예전에 꾸란의 여덟 개의 구절로부터 배운 여덟 개의 말씀을 나 자신에게 조금 길게 설명을 했었는데, 이젠 간략하고 일상적인 말로 나 자신에게 이야기할 테니 들을 사람이 있으면 함께 들어보십시오.

첫 번째 말씀

비스밀라(Bismillah)[1]는 모든 좋은 일의 시작입니다. 따라서 우리도 비스밀라에 대한 이야기로 시작하겠습니다. 알게나 나의 자아여! 이 축복받은 말은 이슬람의 표시이며 모든 존재가 몸짓으로 끊임없이 하는 기도입니다.

비스밀라가 얼마나 크고 강한 고갈되지 않는 힘인지, 또한 얼마나 끝나지 않는 축복인지 알고 싶다면 다음의 비유적인 이야기를 들어보십시오.

아라비아의 사막에서 여행하려고 하는 사람은 어떤 부족장의 이름으로 움직여야 하며, 그의 보호를 받아야지만 노상강도의 피해로부터 보호를 받을 수 있고 필요한 것들을 확보할 수 있습니다. 그렇지 않으면 혼자서 수없이 많은 적과 필요한 것들로 인해 매우 고생할 것입니다.

---

[1] 비스밀라(Bismillah) : 하나님의 이름으로

이처럼 사막으로 여행을 떠난 두 사람이 있었습니다. 그들 중 한 명은 겸손하였으나 다른 한 명은 오만하였습니다. 겸손한 사람은 부족장의 이름으로 움직였고 오만한 사람은 그렇지 않았습니다. 부족장의 이름으로 움직이는 사람은 어느 곳이나 안전하게 돌아다녔고 가다가 노상강도를 만나게 되면 "나는 부족장의 이름으로 돌아다닌다."라고 말했기 때문에 노상강도가 건드리지 못하고 가버렸을 뿐만 아니라, 어떤 천막으로 들어가면 그 이름 덕분에 존중을 받기도 하였습니다. 반면에 다른 오만한 사람은 여행하는 동안 상상도 못할 고생을 하며, 항상 공포에 떨며 거지처럼 구걸하면서 돌아다녔습니다. 모멸과 수치를 당하기도 하였습니다.

이처럼 오만한 나 자신이여! 당신은 바로 그 여행자입니다. 이 세상은 하나의 사막이며, 당신의 무능력과 빈곤은 무한하며 적과 필요한 것들은 끝이 없습니다. 그렇다면 이 사막의 '영원한 주인이신 하나님'과 '시작과 끝이 없는 지배자이신 하나님'의 이름을 받아들여야 합니다. 그래야 온 삼라만상에 구걸하지 않고 모든 사건 앞에 두려움으로 떨지 않으며 보호를 받을 수 있을 것입니다.

그렇습니다. 이 표현은 그토록 축복받은 금고이며 당신의 끝이 없는 무능력과 빈곤이 끝이 없는 권능과 자비로 연결되어 '전능하고 자애로우신 분' 앞에서 무능력과 빈곤을 가장 잘 받아들이는 중재자로 만듭니다. 그렇습니다. 이 표현으로 움직이는 사람은 이 사람과 같습니다. 군에 입대하여 나라의 이름으로 행동하며 누구든지 두려워하지 않습니다. 모든 일을 '법의 이름으로' 또는 '나라의 이름으로'라고 하며 실시하기 때문에 모든 것에 견딜 수 있습니다.

처음에 언급했듯이 존재하는 모든 것은 몸짓으로 '비스밀라'라고 한다고 하였는데 과연 맞을까요?

그렇습니다. 만일 한 사람이 도시의 전 국민을 강제로 어느 곳으로 이동시켜 일까지 시키는 것을 본다면 분명히 알 수 있을 것입니다. 그는 자신의 이름으로 또는 자신의 힘으로 하는 것이 아니라, 오히려 단지 군인이라서 국가의 이름으로 행동하는 것입니다. 즉 말하자면 어떤 왕의 힘을 신뢰하는 것입니다.

이와 마찬가지로 모든 것은 전능하신 창조주의 이름으로 행동합니다. 지극히 작은 곡물과 씨앗들은 그들의 머리 위에 큰 나무를 들고 산과 같은 짐을 들어 올립니다. 즉 각각의 나무가 '비스밀라'라고 하며 자비의 금고인 과일로 자신의 손을 가득 채워 우리에게 선사합니다.

각각의 텃밭은 '비스밀라'라고 하며 권능의 부엌에서 하나의 큰 냄비가 되고 그 냄비 안에 상당히 다양하고 맛있는 음식이 같이 끓여집니다.

소, 낙타, 양, 염소 등 축복받은 동물들은 '비스밀라'라고 하며 자비로운 풍요로움으로부터 각각 우유의 원천이 되어, 양식을 주시는 분의 이름으로 가장 사랑스럽고 깨끗하며 생명의 물과 같은 영양을 우리에게 바칩니다.

각각의 식물과 나무와 풀의 실크 같은 부드러운 뿌리는 '비스밀라'라고 하며 딱딱한 돌과 흙을 꿰뚫어 통과합니다. "하나님의 이름으로, 자비로우신 하나님의 이름으로"라고 하므로 모든 것이 그에게 복종합니다.

그렇습니다. 공중에서 나뭇가지들이 가지를 치고 열매를 맺듯이 딱딱한 돌과 흙에서 뿌리들이 최대한 쉽게 퍼지는 것, 땅 밑에서 열매를 맺는 것, 강한 더위에도 불구하고 수개

월 동안 연약한 녹색의 잎을 유지하는 것은 자연주의자들의 입을 다물게 하며 그들의 눈앞에 바로 보여주며 말합니다.

당신들이 가장 믿는 딱딱함과 더위조차 명령에 따라 행동하니, 그 실크처럼 부드러운 뿌리들은 모세의 기적의 지팡이[2]처럼

فَقُلْنَا ٱضْرِب بِّعَصَاكَ ٱلْحَجَرَ ۖ

"우리는 모세에게

네 지팡이로 그 바위를 때리라고 하였다"[3]

라고 하는 명령에 따라 돌을 갈라지게 합니다.

또한 담배 종이 같은 얇고 허약한 잎은 아브라함의 장기들[4] 처럼 불을 내뿜는 더위를 향해

يَا نَارُ كُونِي بَرْدًا وَسَلَامًا ۖ

"하나님이 명령하사 '불아! 식어라.

그리고 아브라함을 안전케 하라' 라고 하였노라"[5]

---

2) 모세의 기적의 지팡이: 예언자 모세(그분에게 평화가 깃들기를)가 바위를 때려 물을 나오게 한 기적의 지팡이
3) 꾸란 2장 60절
4) 아브라함의 장기들: 불 안으로 던져졌음에도 불구하고 타지 않은 예언자 아브라함(그분에게 평화가 깃들기를)의 장기들
5) 꾸란 21장 69절

라는 구절을 암송합니다.

이처럼 모든 것이 정신적으로 '비스밀라'라고 하며, 하나님의 이름으로 하나님의 은총을 우리에게 가져다준다면 우리도 '비스밀라'라고 해야 합니다. 하나님의 이름으로 주어야 하며 하나님의 이름으로 받아야 합니다. 그러므로 하나님의 이름으로 주지 않는 등한시한 사람으로부터는 받지 말아야 합니다.

질문: 판매자인 사람들에게 어떤 가격을 주고 삽니다. 그렇다면 실제 소유주이신 하나님께서는 어떤 가격을 원하십니까?

답변: 그렇습니다, 실제로 은혜를 주신 그분은 가치 있는 그 은혜나 물건에 대해 우리에게 원하시는 것은 세 가지입니다. 하나는 **기억하는** 것이며, 하나는 **감사하는** 것이며, 또 다른 하나는 **생각하는** 것입니다.

시작할 때 '비스밀라'라고 하는 것은 기억하는 것이며, 마지막에 '알함두릴라'라고 하는 것은 감사하는 것이며, 중간에 이 가치 있는 놀라울 만한 예술품인 은총들이 '유일하고 아무것도 필요로 하지 않으신 분'의 권능의 기적 및 자비의 선물임을 생각하며 이해하는 것은 생각하는 것입니다.

어떤 왕의 가치 있는 선물을 당신에게 전해주는 불쌍한 사람의 발에 뽀뽀하며 그 선물의 주인을 모르는 것이 얼마나 바보 같은 짓이라면, 이렇게 겉으로 보이는 은혜를 주는 자들을 칭찬하고 고마워하며 실제로 그 은혜를 베푸신 분을 잊어버리는 것은 그보다 천 번 더 바보 같은 짓입니다.

오 나의 자아여! 이렇게 어리석은 사람이 되고 싶지 않으면 하나님의 이름으로 주세요! 하나님의 이름으로 받으세요! 하나님의 이름으로 시작하세요! 하나님의 이름으로 행동하세요!

두 번째 말씀

بِسْمِ اللَّهِ الرَّحْمَٰنِ الرَّحِيمِ

자비로우시고 자애로우신 하나님의 이름으로

"그들은 보이지 않는 것을 믿는다"[6]

신앙에 얼마나 큰 행복과 은총이 있는지, 또한 얼마나 큰 기쁨과 평안함이 있는지 이해하고 싶다면 다음의 비유적인 이야기를 들어보십시오.

어느 날 두 사람이 즐기기도 할 겸 장사를 하기 위하여 여행을 떠났습니다. 자신만을 보는 불행한 한 사람은 한 길로 들

---

6) 꾸란 2장 3절

어갔으며 하나님만을 보는 행운아인 다른 한 사람은 다른 길로 들어갔습니다.

자신만을 보는 사람은 자신만 생각하며, 자신에 대해서만 염려하는 사고에 의한 벌로써 상당히 나쁜 나라로 들어가게 되었습니다. 보아하니, 모든 곳에 무능력하고 불쌍한 사람들이 무서운 폭군들로 인해 울고 있었으며, 그들이 하는 파괴로 인해 애통해하고 있었습니다. 돌아다니는 모든 곳에서 이러한 슬프고 마음을 아프게 하는 분위기를 보았고 온 나라가 상갓집 모습을 하고 있었습니다. 이 마음을 아프게 하고 어두운 분위기를 느끼지 않기 위해서 자신이 취하는 것 이외에는 다른 방법이 없었습니다. 왜냐하면 모든 국민이 자신에게 적이나 낯선 사람으로 보였기 때문이었습니다. 또한 바로 앞에서 무서운 시체들과 절망스럽게 우는 고아들을 보았습니다. 자신의 양심은 고통을 겪고 있었습니다.

다른 한 사람은 오직 하나님만 생각하는, 하나님을 숭배하는, 진리를 탐구하는, 성품이 좋은 사람이라 자신이 보기에 상당히 좋은 나라로 들어가게 되었습니다. 자신이 들어간 그 나라에서는 모두 기뻐하고 있었습니다. 모든 곳에 환희, 축제, 황홀, 기쁨으로 가득 찬 하나님을 기억하는 집들 등….

모두 자신에게 친구나 친척으로 보였습니다. 도시 전체에서 환호하며 또는 고마워하는 큰 규모의 군 제대의 축하를 보았습니다. 또한 "하나님은 위대하시다.", "하나님 외에 다른 신은 없다."라고 하며 신나게 하는 군에 징병하기 위한 북소리나 악단의 소리가 들렸습니다.

첫 번째 그 불행한 사람은 자신뿐만 아니라 모든 국민이 슬픔에 잠기지만, 이 행운한 사람은 자신뿐만 아니라 온 국민이 기쁨으로 평안하고 행복해졌습니다. 또한 장사가 잘되어 하나님께 감사드렸습니다.

그 후 돌아가 그 불행한 사람을 만나 그의 상태를 알고 그에게 말했습니다. "뭐야, 자네는 미쳤군! 자네의 마음속에 있는 추함이 겉으로 반영되어 웃음을 우는 것으로, 군대에서 제대하는 것을 강도질이나 약탈로 생각하였군. 정신 차리게나! 마음을 정화 시키게나! 그래야만 이 재난 같은 베일이 당신의 눈에서 벗겨질 수 있으며 진실을 볼 수 있을 것이라네. 왜냐하면 완전히 공평하시며, 인정이 많으시며, 국민을 좋아하시며, 유능하시며, 질서를 좋아하시며, 애정이 깊으신 왕의 나라는 (게다가 이렇게 발전되고 발달된 모습을 보이는) 당신이 착각한 대로 될 수가 없기 때문이라네!"

그 말을 듣고 그 불행한 사람은 정신을 차리고 뉘우치며, "맞네. 나는 취해 정신이 없었다네. 그러나 당신은(하나님께서 당신에 대해 만족하시기를!) 나를 지옥 같은 상태로부터 구해 주었네."라고 하였습니다.

오 나의 자아여! 아십시오. 첫 번째 사람은 불신자이거나 아니면 타락한 사람이며 등한시하는 사람입니다. 이 세상은 그가 보기에 전체적으로 애도하는 집입니다. 모든 생물은 헤어지는 것과 사라짐의 손찌검으로 인해 우는 고아들입니다. 동물과 인간은 정해진 '죽음의 순간'의 발톱으로 찢긴, 돌보는 사람이 없는, 목표 없이 사는 존재들입니다. 산이나 바다 같은 큰 존재들은 영혼이 없는 끔찍한 시체들과 같습니다. 이와 같은 너무나 고통스럽고 억압하며 공포스러운 많은 망상은 자신의 불신하고 타락한 마음으로 인해 생기며 그를 정신적으로 고뇌하게 만듭니다.

다른 사람은 신앙자입니다. 그는 전능하신 창조주를 알고 인정합니다. 그가 보기에 이 세상은 자비로우신 하나님이 암송되는 장소, 인간과 동물이 훈련되는 곳, 그리고 인간과 진이 시험을 보는 마당입니다. 모든 동물과 인간의 죽음은 군대에서 제대하는 것입니다. 따라서 삶의 의무를 마치는 자들은 이 일시적인 곳에서 홀가분하게 혼란이 없는 다른 세상으로 갑니다. 그래야만 신입 근무자들을 위한 자리가 생길 수 있으며 그들이 와서 일할 수 있을 것입니다. 모든 동물과 인간의 출생은 군 징병이며, 전투태세를 갖추고 임무를 수행하도록 준비되는 것입니다. 모든 생물의 각 하나하나는 행복한 군인, 올바르며 기뻐하는 공무원들입니다. 모든 소리는 임무 수행 시작 시 하는 암송이나 찬송 또는 일의 끝마침으로 인한 고마워함 또는 기뻐함 이거나 아니면 일하는 것의 즐거움으로 인해 나오는 노래들입니다. 그 신앙자가 보기에 모든 피조물은 Seyyid-i Kerim[7], Malik-i Rahim[8]의 친근한 하인, 친절한 공무원, 달콤한 책입니다. 이와 같은 상당히 섬세하고, 높고, 맛있고, 달콤한 진실은 그의 신앙으로부터 비치며, 나타나는 것입니다.

신앙은 천국의 투바(Tuba) 나무[9]의 씨앗을 정신적으로 가지고 있고 불신은 지옥의 자꿈(Zakkum) 나무[10]의 씨앗을 감

---

7) Seyyid-i Kerim: 관대하신 주인
8) Malik-i Rahim: 자비로우신 소유자
9) 투바(Tuba) 나무: 뿌리가 하늘에 있으며 가지들이 밑에 있는 천국에 있는 한 종류의 나무 이름
10) 자꿈(Zakkum) 나무: 매우 쓰고 불쾌하며 자극성이 있는 지옥의 가장 밑바닥에서 자라는 나무 이름

추고 있습니다. 즉 안전과 안심은 오로지 이슬람과 신앙에 있습니다. 따라서 우리는 항상

$$\text{اَلْحَمْدُ لِلَّهِ عَلَى دِينِ الْاِسْلَامِ وَ كَمَالِ الْاِيمَان}$$

"이슬람 종교와 완벽한 신앙에 대해
하나님께 찬미 드리나이다."

라고 해야 합니다.

세 번째 말씀

بِسْمِ اللهِ الرَّحْمٰنِ الرَّحِيْمِ

자비로우시고 자애로우신 하나님의 이름으로

"인간들이여 경배하라"[11]

경배가 얼마나 큰 교역이며 행복인지, 타락과 방탕이 얼마나 큰 손해이며 파괴인지 알고 싶다면 다음과 같은 비유적인 이야기를 들어보십시오.

어느 날 두 명의 군인이 멀리 있는 도시에 가도록 명령을 받았습니다. 그들은 함께 출발하였고, 얼마 후 그 길은 두 갈

---

11) 꾸란 2장 21절

래의 길로 나뉘었습니다. 어떤 한 사람이 그곳에 있었고 그들에게 말하길, "이 오른쪽에 있는 길에서는 아무런 피해를 보지 않으며 그 길로 가는 열 명 중 아홉 명은 큰 혜택을 받고 편안함을 느낍니다. 반면에 왼쪽에 있는 길에서는 아무런 혜택도 없을 뿐만 아니라 열 명 중 아홉 명은 피해를 보게 됩니다. 그리고 양쪽 길의 거리는 동일합니다. 단 한 가지 차이점이 있다면 질서와 정부가 없는 왼쪽 길의 여행자는 가방이나 총 없이 가며 겉으로 보기에 가벼움이나 거짓의 편안함을 느낍니다. 군인의 규율을 따르는 오른쪽 길의 여행자는 배급된 식품들로 한가득 채워진 8킬로그램의 배낭과 적을 이겨낼 수 있는 국가에서 지급된 3킬로그램의 완벽한 총을 메고 다녀야 합니다."

두 명의 군인은 그 안내자의 말을 들은 후, 그들 중 행운한 군인은 오른쪽 길로 갔습니다. 8 킬로의 짐을 등에 싣지만 마음과 정신은 수천 킬로그램의 부담들과 두려움들에서 벗어났습니다. 다른 불행한 군인은 병역을 그만두고 규칙을 지키기 싫어 왼쪽 길로 갔습니다. 자신의 몸은 8킬로그램의 짐에게서 벗어나지만, 마음은 수천 킬로그램의 부담과 정신은 끝이 없는 두려움으로 인하여 짓눌리게 되었습니다. 모든 사람 앞에서 구걸하는 자의 모습을 보이며 또한 모든 것과 모든 사건 앞에서 떨며 갔습니다. 결국, 목적지에 도착하여 그곳에서 반역자나 탈영병의 벌을 받게 됩니다.

군인의 군율을 좋아하는, 배낭과 총을 보호하며 오른쪽으로 가는 군인은 어떤 누구에게도 부담을 느끼지 않고, 두려워하지 않으면서 마음과 양심의 편안함을 느끼며 갑니다. 목적지인 도시로 도착하여 의무를 잘 수행하는 명예로운 군인에 어울리는 보상을 받습니다.

이 반항적인 자아여! 아십시오. 그 두 여행자 중 한 사람은 하나님의 법을 준수하는 사람들이며, 다른 한 사람은 반항하고 자신의 욕구를 따라가는 사람들입니다. 그 길은 삶의 길이며 영혼의 세상으로부터 와서 무덤을 거쳐 내세로 갑니다. 그 배낭과 총은 경배와 타끄와(Takva)[12]를 하는 것입니다. 경배는 겉으로 보기에는 부담은 있지만, 정신적으로는 설명할 수 없을 만큼 너무나 편안함과 가벼움이 있습니다. 왜냐하면 경배하는 사람은 예배를 드릴 때 다음과 같이 말하

---

12) 타끄와(Takva): 자신의 의지를 하나님을 경배하는 데에, 자신의 이성을 하나님을 아는 데에, 자신의 마음을 하나님을 사랑하는 데에, 자신의 양심을 하나님을 보고 싶어 하는 열정을 가지는 데에 사용하는 것

기 때문입니다.

اَشْهَدُ اَنْ لَا اِلَهَ اِلَّا اللهُ

"아슈하두 안나 일라하 일랄라"

: 그분 이외에 다른 신이 없음을 증언합니다.

즉 "창조주와 양식을 주시는 분은 그분 외에는 없습니다! 피해와 이득은 그분의 손에 있습니다. 그분은 현명하시며 필요 없는 일을 하지 않으십니다. 그분은 자애로우시어 호의와 관대하심이 많으십니다."라고 믿기 때문에 모든 일에서 자비의 금고의 문을 찾고 기도로 그 문을 두드리게 됩니다. 또한 모든 것들이 자신의 주인의 명령에 복종하는 것을 보며 주님에게 피난하게 됩니다. 모든 것을 그분께 의탁하고 신뢰하며, 모든 재난과 고난으로부터 보호받습니다. 신앙은 그에게 완전한 안전성을 주게 됩니다.

그렇습니다. 모든 진정한 미덕과 같은 모든 용감의 근원은 신앙과 숭배입니다. 모든 악행과 같은 모든 겁의 근원은 타락입니다! 마음이 신앙으로 완전히 밝아진 종에게는 지구가 폭탄이 되어 폭발해도 아마 무섭지 않을 것입니다. 오히려 신성한 권능의 경이로움을 즐기며 달콤한 놀라움으로 구경할 것입니다. 그러나 유명한, 깨우친 학자라고 불리는, 마음이 없는 타락한 철학자는 하늘의 혜성을 보며 땅에서 떨면서 '혹시라도 이 부랑자 같은 별이 우리 지구에 부딪히면 어떻게 해?'라고 하며 망상에 빠지게 됩니다. (옛날에 미국에서는 그런 별로 인해 많은 사람이 떨면서 새벽에 집을 떠났습니다.)

그렇습니다. 인간은 끝이 없는 것을 필요로 하지만 자산은 거의 없고… 또한 끝이 없는 문제에 당면하지만 힘은 거의 없고… 오로지 그의 자산과 힘의 범위는 손이 닿을 수 있는 정도입니다. 그러나 그의 원하는 것들과 고통과 고난의 범위는 그의 눈과 상상이 도달하는 만큼 넓습니다. 즉 그만큼 무능력하고 약하며 빈곤하고 모든 것들을 필요로 하는 인간의 영혼에 경배와 테베퀼(Tevekkül)[13], 테비드(Tevhid)[14], 복종하는 것이 얼마큼 큰 이득이며 행복이고 은총인지 맹인이 아닌 이상 볼 수 있으며 이해할 수 있을 것입니다.

알다시피, 안전한 길을 불안전한 길보다 (십 분의 일 정도

---

13) 테베퀼(Tevekkül): 하나님을 대리인으로 믿는 것, 모든 것을 하나님께 맡기는 것
14) 테비드(Tevhid): 모든 것을 오로지 하나님께서 창조하시며 지도하시고 지배하신다는 것을 믿는 것

가능성이 있다 하더라도) 더 선호합니다. 더군다나 우리가 이야기하고 있는 숭배의 길에는 피해가 없을 뿐만 아니라 십분의 구 정도의 가능성과 함께 영원한 행복의 금고가 있습니다. 타락과 방탕의 길의 경우 (심지어 타락한 사람이 고백도 했듯이) 이득이 없을 뿐만 아니라, 십 분의 구할 정도 영원히 비참한 상태에 있는 것과 같습니다. 이러한 사실은 만장일치와 테바튤(Tevatür)[15]의 강도로 수많은 전문가와 증인의 증언으로 입증되었을 뿐만 아니라 이러한 사실을 경험하고 발견한 자들이 전해준 소식으로 인해 확실한 것입니다.

요약: 내세와 같이 현세의 행복 또한 경배와 하나님의 군인이 되는 것에 달려 있습니다. 그러므로 우리는 항상

$$\text{اَلْحَمْدُ لِلّٰهِ عَلَى الطَّاعَةِ وَالتَّوْفِيقِ}$$

"복종과 성공을 주셔서 하나님께 감사드립니다"

라고 해야 하며 무슬림이므로 감사해야 합니다.

---

15) 테바튤(Tevatür): 믿음직한 사람들이 서로에게 전달해 준 정확한 소식

네 번째 말씀

자비로우시고 자애로우신 하나님의 이름으로

اَلصَّلاةُ عِمَادُ الدِّينِ

"예배는 종교의 기둥이다"[16]

예배가 얼마나 소중하고 중요한지, 또한 얼마나 저렴하며 별로 비용을 들이지 않고도 얻을 수 있는지, 또한 예배를 지키지 않는 사람은 얼마나 정신 나간 사람이며 손해를 보는지, 2 곱하기 2가 4가 되는 만큼 확실하게 알고 싶다면 다음과 같은 비유적인 이야기를 들어보십시오.

---

16) 하디스: 티르미지가 전함, 신앙, 8

어느 날 어떤 위대하신 지배자가 두 명의 하인에게 각각 스물네 개의 금을 주며 두 달 정도 소요되는 곳에 있는 독특하고 아름다운 농장에서 살도록 하기 위해 보냈습니다. 그리고 그들에게 다음과 같이 명령하였습니다. "이 돈으로 여행 시 필요한 것들과 승차권을 사거라. 또한 지낼 곳에서 필요한 것들을 사거라. 하루 정도 소요되는 거리에 역이 있는데 그곳에는 차도 있고 배도 있고 기차도 있고 비행기도 있으며, 자신의 자본금에 따라 탈 수 있다."

두 명의 하인은 지침을 받고 갔습니다. 한 명은 행운아여서 그 역까지 돈의 일부만 지출하였습니다. 그 돈으로 자신의 주인을 맘에 들게 할 이윤이 남는 장사를 하여 자본금은 일에서 천으로 증가하였습니다.

반면에 다른 하인은 불행하며 부랑자라서 그 역까지 스물세 개의 금을 써 버렸는데, 도박 등으로 없애버려 금 하나만 남게 되었습니다. 친구가 그에게 말하였습니다. "이 금 하나는 승차권을 위해서 쓰게나. 그래야 이 긴 여정에서 걸어가지 않을 것이며 굶어 죽지 않을 것이라네. 또한 우리 주인은 관대하시어 아마 자비를 베풀어 당신이 한 잘못을 용서해 주실 것이라네. 또한 당신을 비행기에 태우신다네. 그러므로 하루 만에 우리가 거주할 곳으로 갈 것이라네. 그렇지 않으면 두 달 걸리는 사막에서 굶으며, 걸어서, 혼자서 가야 할 것이라네."

만일 이 사람이 고집을 부리며 한 개의 금을 금고의 열쇠와 같은 그 승차권을 위해 쓰지 않고 일시적인 쾌락을 위해 소비한다면, 상당히 이성이 없으며 손해를 보는 불행한 사람이 되리라는 것을 제일 어리석은 사람조차도 이해할 수 있지 않겠습니까?

이처럼 예배를 드리지 않는 사람이여! 예배를 싫어하는 나의 자아여! 그 지배자는 우리의 주님, 창조주입니다. 그 두 명의 하인 중 한 명은 신앙심이 깊어 경건하며 예배를 열렬하게 드리는 사람을 의미합니다. 다른 한 명은 등한시하며 예배를 드리지 않는 사람을 의미합니다. 그 스물네 개의 금은 매일 하루 스물네 시간의 생애입니다. 그 특별한 농장은 천국입니다. 그 역은 무덤입니다. 그 여행은 무덤으로, 부활로, 영원함으로 갈 인간의 여정입니다. 선행에 따라 또는 타끄와(Takva)[17]에 따라 그 긴 길을 다양한 시간으로 갈 수 있

---

[17] 타끄와(Takva) : 자신의 의지를 하나님을 경배하는 데에, 자신의 이성을 하나님을 아는 데에, 자신의 마음을 하나님을 사랑하는 데에, 자신의 양심을 하나님을 보고 싶어 하는 열정을 가지는 데에 사용하는 것

습니다. 타끄와(Takva)를 하는 사람 중 일부는 천 년 걸릴 길을 번개같이 하루에 갈 수 있습니다. 그들 중 일부는 오만 년 걸리는 거리를 상상처럼 하루 만에 갈 수 있습니다. 영광스러운 꾸란은 이 진실에 대하여 두 개의 구절로 가르쳐 줍니다. 그 승차권은 예배입니다. 단 한 시간은 다섯 번 예배와 우두를 하기에 충분합니다.

스물세 시간을 이 짧은 현세의 삶을 위하여 소비하며 그 긴 영원한 삶을 위하여 단 한 시간을 쓰지 않는 사람은 얼마나 손해입니까? 얼마나 자신을 탄압하는 것입니까? 얼마나 비이성적인 짓입니까? 왜냐하면 천 명이 참석한 복권의 도박을 위하여 자신의 재산 중 절반을 주는 경우 (이성이 받아들인다 하더라도) 당첨될 수 있는 가능성은 천 분의 일인 반면에, 스물네 개의 재산 중 하나가 99% 확률로 당첨될 가능성이 있다고 확정된 영원한 금고에 주지 않는 것이 얼마나 비이성적이며 현명하지 않으며, 얼마나 이성과 거리가 먼 것인지, 자신이 이성적이라고 생각하는 사람이 이해 못 하겠습니까?

게다가 예배에는 영혼, 마음과 이성에 큰 편리함이 있습니다. 또한 몸에도 별로 부담스러운 일도 아닙니다. 또한 예배를 드리는 사람의 허가된 다른 세속적인 행위들도 좋은 의

도로 예배처럼 받아들여집니다. 그로 인해 자신이 가진 모든 생애의 자본을 내세를 위하여 쓸 수 있습니다. 일시적인 생애가 어떤 측면에서는 영구적으로 됩니다.

다섯 번째 말씀

بِسْمِ اللهِ الرَّحْمَنِ الرَّحِيمِ

자비로우시고 자애로우신 하나님의 이름으로

إِنَّ اللهَ مَعَ الَّذِينَ اتَّقَوْا وَالَّذِينَ هُمْ مُحْسِنُونَ

"실로 하나님은 타끄와[18]를 가진 자들과 선을 실천하는 이들과 함께하시니라"[19]

예배를 드리는 것과 큰 죄들을 저지르지 않는 것이 얼마만큼 본질적인 사람됨의 의무인지, 얼마만큼 본능적이며 인간의 창조에 맞는 결과인지 보고 싶다면 다음과 같은 비유적인 짧은 이야기를 들어보십시오.

---

18) 타끄와(Takva) : 자신의 의지를 하나님을 경배하는 데에, 자신의 이성을 하나님을 아는 데에, 자신의 마음을 하나님을 사랑하는 데에, 자신의 양심을 하나님을 보고 싶어 하는 열정을 가지는 데에 사용하는 것
19) 꾸란 16장 128절

전시상황에서 어떤 연대에 두 명의 병사가 있었습니다. 그들 중 한 명은 훈련받은, 근면한 병사이며 다른 한 명은 미숙한, 자기중심적인 병사였습니다. 근면한 병사는 훈련과 전쟁에 집중하며 식량과 배급량을 전혀 생각하지 않았습니다. 왜냐하면 그를 먹여 주는 것, 그의 장비를 제공해주는 것, 그가 아프면 치료해 주는 것, 심지어 필요하면 먹이를 입까지 먹여주는 것은 나라의 책임이며, 그의 기본적인 책임은 훈련과 전쟁에만 집중하는 것임을 잘 알고 있었기 때문이었습니다. 그렇지만 양식이나 장비와 관련된 몇몇 업무를 하기도 하였습니다. 가마솥을 끓이기도 하고 큰 냄비를 설거지하여 가져다주기도 하였습니다. 그에게 "무엇을 하는가?"라고 물으면, "나라를 위한 일을 하고 있습니다."라고 하였고, "생활비를 위하여 일하고 있습니다."라고 하지 않았습니다.

다른 식탐이 많은 훈련병은 훈련이나 전쟁을 신경 쓰지 않고 "그것은 나라의 일이야. 나랑 무슨 상관이야"라고 하며 항상 생활비를 생각하고 그것만 신경 쓰며, 연대(聯隊)에서 떠나 시장으로 가서 쇼핑하곤 하였습니다.

어느 날 훈련받은 친구가 그에게 말하였습니다. "형제여, 당신의 근본적인 업무는 훈련과 전쟁하는 것이며 그 목적을 위해 이곳에 데려와 졌다네. 왕을 신뢰하게나! 그분은 당신을 굶게 하지 않을 것이라네. 그것은 그분의 책임이며 더군다나 당신은 무능력하며 빈곤하기 때문에 어느 곳에서나 스스로 양식을 챙길 수가 없다네. 또한 현재는 전쟁과 전시상황이라네. 또한 그들은 당신에게 '반역자'라고 하며 벌을 줄 수도 있다네. 그렇다네. 우리 앞에 두 가지의 의무가 있다네. 하나는 왕의 의무로 우리를 먹여 주는 것이며 우리도 가끔 그분이 시키신 작업을 실시한다네. 다른 하나는 우리의 의무로 훈련과 전쟁을 하는 것이며 왕은 우리에게 시설을 제공하면서 도우신다네."

만일 그 부랑자 같은 병사가 훈련받은 병사의 말에 귀를 기울이지 않는다면 얼마나 위험에 빠질 수 있을 것인지 알 수 있을 것입니다.

나의 게으른 자아여! 그 휘몰아치는 싸움터는 폭풍우와 같은 현세의 삶입니다. 그 연대로 나누어진 군대는 인간의 사회입니다. 그 연대는 이 시대의 이슬람 집단입니다. 그 두 병사의 경우 한 명은 종교적인 의무를 알아서 실행하며 큰 죄들을 피하고 죄들을 저지르지 않도록 자아 또한 사탄과 싸우는 타끄와(Takva)를 가진 무슬림입니다.

다른 한 명은 양식을 실제로 주시는 분을 비난할 만큼 생활비를 버는 것에 빠져 종교적인 의무를 수행하지 않고 생활비를 버는 길에서 마주치는 죄를 저지르는 실패 하고 타락한 사람입니다. 그리고 그 훈련과 규칙은 예배를 비롯한 숭배하는 것이며 그 전쟁은 자아 및 욕구, 사탄 및 사탄과 같은 인간들과 싸우며 죄와 비도덕적인 품행으로부터 마음과 영혼이 벗어나 영원한 파멸로부터 보호되는 것입니다. 그 두 가지의 의무 중 하나는 (왕이 우리에게) 삶을 주며 먹여주는 것입니다. 다른 하나는 (우리가) 삶을 주고 먹여 주시는 분을 경배하며 간청하는 것이며 그분에게 의탁하며 신뢰하는 것입니다.

그렇습니다. 가장 빛나는 '아무것도 필요 없으신 분의 미술의 기적'과 '부양하시는 분의 지혜로운 경이로움'인 생명을 누군가 만들어서 부여하셨다면, 양식으로 그 삶을 먹여주며 유지하게 하는 이 또한 그분이십니다. 그분 외에 다른 이는 될 수 없습니다. 증거를 원합니까? 제일 약하며 어리석은 동물은 제일 잘 먹여집니다(과일에 있는 벌레 또는 물고기처럼). 또한 제일 무능력하여 연약한 피조물은 제일 좋은 식량을 먹습니다(아기와 새끼들처럼).

그렇습니다. 허용된(할랄) 양식을 얻는 방법은 능력과 의지가 아니라 오히려 무능력함과 약함과 관계있음을 알고 싶다면 물고기와 여우, 새끼와 야수, 나무와 동물을 비교하면 충분할 것입니다.

따라서 생활비를 벌기 위해 예배를 포기하는 사람은 훈련을 그만두고 방어막을 떠나 시장에서 구걸하는 병사와 같습니다. 하지만 예배를 드리며 '전능하고 관대하며 양식을 주시는 분'의 자비의 부엌에서 자신의 배급량을 구하는 것, 타인에게 부담이 되지 않도록 직접 구하러 가는 것은 좋고 용감한 것이며 그 또한 하나의 숭배인 것입니다.

또한 인간은 숭배를 위하여 창조된 존재임을 그의 본능과 정신적인 장치를 보면 알 수 있습니다. 왜냐하면, 현세의 삶에 필요한 일과 능력의 측면에서 인간은 제일 낮은 참새조차 따라갈 수 없지만, 정신과 내세의 삶에 필요한 지식과 필요함을 느끼며 애원하는 것과 숭배의 측면에서는 동물들의 왕이나 사령관과 같기 때문입니다.

즉 나의 자아여! 만일 현세의 삶을 본질적인 목적으로 두고 그것을 위하여 지속적으로 노력한다면, 제일 낮은 참새와 같이 판단될 것입니다. 만일 내세의 삶을 본질적인 목적으로 두고 이 삶도 그것의 수단이나 경작지로 만들며 그에 따라 노력한다면, 그때 모든 동물의 사령관과 같이 되며 이 세상에서 전능하신 창조주의 총애를 받으면서 간절하게 기도하는 종이 됨과 동시에 영광스럽고 존경받는 손님이 될 것입니다.

이처럼 바로 당신 앞에 두 가지의 길이 있으며 원하는 길을 선택할 수 있습니다. 올바른 길과 성공을 가장 자애로우신 분으로부터 원하세요….

여섯 번째 말씀

자비로우시고 자애로우신 하나님의 이름으로

اِنَّ اللهَ اشْتَرَى مِنَ الْمُؤْمِنِينَ اَنْفُسَهُمْ وَاَمْوَالَهُمْ بِاَنَّ لَهُمُ الْجَنَّةَ ۞

"하나님은 믿는 자 가운데서 그들의 영혼과 그들의 재산들을 사셨으니 천국이 그들의 것이기 때문이라"[20]

자신과 재산을 하나님께 파는 것, 그분의 노예가 되는 것 또는 그분의 군인이 되는 것이 얼마나 수익성이 있는 교역이며, 얼마나 영광스러운 지위인지 이해하고 싶다면 다음과 같은 짧은 비유적인 이야기를 들어보십시오.

---

[20] 꾸란 9장 111절

어느 날 어떤 왕이 자신의 국민 중 두 명에게 각각 농장을 위탁하였습니다. 농장 내에 공장, 기계, 말, 무기 등 모든 것이 있었습니다. 하지만 격렬한 전쟁 중이라 아무것도 안정적으로 남아 있지 못하고 훼손되거나 없어졌습니다. 왕은 그 두 명의 군인에게 완전한 자비로 숭고한 부관(副官)을 보내시고, 상당히 자비로운 칙령으로 그들에게 말했습니다.

"당신들에게 있는 나의 위탁물을 나에게 팔아라! 그래야 당신들을 위하여 보관해 줄 수 있으며 없어지지 않을 것이다. 또한 전쟁이 끝나면 당신들에게 더 좋은 상태로 돌려줄 뿐만 아니라 너희 자신들의 소유물처럼 취급하여 꽤 좋은 가격으로 주겠다. 그 기계와 공장에 있는 장비들은 나의 이름으로 나의 작업대에서 가공될 것이다. 또한 천 배 이상 가격이 오를 것이며 모든 이익을 당신들에게 주겠다. 더군다나 당신들은 무능력하고 빈곤해서 그 많은 작업비용을 확보할 수 없으므로 모든 비용과 필요한 것들을 내가 확보해 줄 것이다. 모든 수입과 이득은 당신들에게 줄 뿐만 아니라 제대할 때까지 당신들에게 맡길 것이다. 이와 같은 다섯 가지 수익이 있다!

만일 나에게 팔지 않으면, (당신들도 보듯이) 누구도 자신이 가진 것을 지키지 못하며 모든 사람처럼 손에서 빠져나갈 것이다. 그뿐만 아니라 무익하게 될 것이며 그 높은 가격도 못 받게 될 것이다. 또한, 그 연약하고 값어치 있는 장비나 저울들은 사용될 수 있는 귀중한 광산이나 일이 없기 때문에 완전히 가치가 떨어질 것이다. 게다가 관리나 보호의 고생과 부담이 당신들에게 남아 있을 것이다. 더욱이 위탁물에 대한 반역의 벌도 받게 될 것이다. 이러한 다섯 가지 손해가 있다!

그뿐만 아니라 나에게 판다는 것은 나의 군인이 되어 나의 이름으로 이용한다는 뜻이다. 평범한 포로나 규칙을 따르지 않는 병사 대신 위대한 왕의 신뢰할 수 있는, 중요한 군인이 될 것이다."

그들은 이 정중하고 친절한 칙명을 듣고 나서 그 두 명 중 이성이 깨어 있는 사람이 말했습니다.
"분명히 알겠습니다. 저는 자랑스럽게 팔 수 있으며 게다가 천 번 고맙습니다."

다른 사람은 오만하며 파라오처럼 자신만을 보는 주정뱅이이며, 마치 그 농원에서 영원히 살 것처럼 세상의 혼돈과 혼란을 무시하면서 말했습니다.
"아니! 왕이 누구야? 내 재산을 절대 팔지 않을 거야. 이 즐거움을 포기하지 않을 거야!"

얼마 후 첫 번째 사람은 모두가 부러워할 만큼 높은 직위에 승진하게 되었습니다. 왕의 대접을 받으며 특별한 궁전에서 행복하게 살고 있었습니다. 반면 두 번째 사람의 경우 얼마나 좋지 않은 상황에 처했길래, 모두 그에 대해 마음이 아팠지만 "당할 만하다!"라고 했습니다. 왜냐하면 그는 자신의 실수로 인하여 행복도 재산도 사라져 버렸으며, 벌도 받으면서 고통을 당하고 있었기 때문입니다.

이처럼 욕구가 많은 자아여! 이 비유의 망원경으로 진실의 얼굴을 보십시오! 그 왕은 영원한 과거와 영원한 미래의 왕인 너의 주님, 창조주입니다. 그리고 그 농장들, 기계들, 장비들, 측정기들은 당신의 삶의 범위에 있는 소유물과 그 소유물 안에 있는 몸, 영혼, 마음과 그것들 안에 있는 눈, 혀, 이성과 상상과 같은 외면적이거나 내면적인 감각들입니다. 또한 그 숭고한 부관은 숭고한 예언자입니다. 그리고 그 확고한 칙령은 지혜로운 꾸란이며 우리가 이야기하고 있는 큰 교역을 다음과 같은 구절로 설명합니다.

إِنَّ اللهَ اشْتَرَى مِنَ الْمُؤْمِنِينَ اَنْفُسَهُمْ وَاَمْوَالَهُمْ بِاَنَّ لَهُمُ الْجَنَّةَ ❈

"하나님은 믿는 자 가운데서 그들의 영혼과 그들의 재산을 사셨으니 천국이 그들의 것이기 때문이라"[21]

그리고 그 혼란스러운 전쟁의 광장은 이 거센 폭풍의 지구의 얼굴이며 멈추지 않고, 돌면서 파괴되며 모든 인간의 이성에게 다음과 같은 생각을 하게 합니다. '이렇듯 모든 것이 우리 손에서 떠나며 끝나고 사라져 버릴 것이라면, 혹시 영원하게 만들고 보존하는 방법은 없을까?' 라고 생각하고 있을 때, 갑자기 하늘에서 꾸란의 소리가 들리며 "그렇다. 있다네. 더군다나 다섯 가지 수익도 있는 좋고 편한 방법이 있다네."라고 합니다.

질문: 무엇입니까?
대답: 위탁물을 실제 주인에게 파는 것입니다. 즉, 이 판매에는 다섯 가지 수익이 있습니다.

---

21) 꾸란 9장 111절

첫 번째 수익: 일시적인 재산은 영구적으로 바뀝니다. 왜냐하면, Kayyum-u Baki[22]인 영광스러우신 분에게 주며 그분의 길에서 쓰이는 이 줄어드는 인생은 영구적으로 변하며 영구적인 결과를 맺을 수 있기 때문입니다. 그 순간 생애의 매 분(分)들은 낱알이나 씨앗과 같은 겉으로 보기에는 사라지거나 상하 지만 영원한 세상에서 행복의 꽃들을 피우며 발아합니다. 그리고 중간 세상에서 빛나며 안심시키는 각 하나하나의 전망이 됩니다.

두 번째 수익: 천국과 같은 가격이 주어집니다.

세 번째 수익: 각 장기나 감각의 가치가 일이라면 천으로 오를 수 있습니다.

예를 들면, 이성은 하나의 도구입니다. 만일 전능하신 하나님께 팔지 않고 오히려 자기중심적인 자아를 위하여 사용한다면, 너무나 비관적이고 짜증스럽고 괴롭히는 도구로 변해 과거의 슬프게 하는 고통과 미래의 무서운 상황으로 당신의 불쌍한 머릿속에 부담 시켜 비관적이고 해로운 도구의 수준으로 전락하게 됩니다. 즉, 바로 이런 것 때문에 타락한 사

---

[22] Kayyum-u Baki: 모든 것이 그분에게 의지하는 영원하신 하나님

람은 자신의 이성의 괴롭힘으로부터 피하려고 대부분 술에 취하거나 쾌락을 즐기는 것으로 도망치게 됩니다. 그러나 만일 이성의 실질적인 주인이신 분에게 팔며 그분의 이름으로 사용한다면, 이성은 참으로 주술적인 열쇠가 되는데 이 삼라만상에 있는 끝이 없는 자비의 금고들과 지혜의 보물상자들을 열게 됩니다. 또한 이성의 주인을 영원히 행복하게 하기 위하여 준비시키는 신성한 안내자의 수준으로 승격할 것입니다.

예를 들면 눈은 하나의 감각으로 영혼이 이 세상을 그 창문을 통하여 구경합니다. 만일 전능하신 하나님께 팔지 않고 오히려 자기중심적인 자아를 위해 사용한다면, 일시적이며 지속적이 아닌 일부 아름다움들이나 전망을 구경하며 성욕과 욕구의 포주 수준으로 떨어지는 하나의 하인밖에 되지 않을 것입니다. 반면 만일 그 눈을 만물을 만드시고 꿰뚫어 보시는 분께 팔고 그분을 위하여 그분이 허용하신 범위 내에서 활용한다면, 그 순간 그 눈은 이 삼라만상의 큰 책의 독자, 이 세계의 신성한 예술의 기적을 구경하는 자, 이 지구의 정원에 있는 자비의 꽃들의 축복받은 꿀벌 수준으로 상승할 것입니다.

또 다른 예로, 혀에 있는 미각을 현명하신 창조주께 팔지 않고 오히려 자기중심적인 자아를 위하여 사용하며 위(장기)의 이름으로 사용한다면, 그 순간 위의 마구간이나 공장의 문지기 수준으로 전락할 것입니다. 그러나 만일 관대하신 양식을 주시는 분에게 판다면, 그 순간 혀에 있는 미각은 신의 자비의 금고들의 숙련된 감독과 신성한 권능의 부엌들에 고마워하는 감독관의 수준으로 상승할 것입니다.

이처럼 이성아! 주의하거라! 비관적인 도구가 되는 것과 삼라만상의 열쇠가 되는 것의 차이점이 무엇인가? 눈아! 잘 보아라! 끔찍한 포주가 되는 것과 신성한 도서관의 지적인 독자가 되는 것의 차이점이 무엇인가? 그리고 혀야! 맛을 잘 보아라! 마구간의 문지기나 공장의 경비원이 되는 것과 하나님의 자비로운 고가의 금고의 감독이 되는 것의 차이점이 무엇인가?

이처럼 다른 도구나 장기를 비교한다면 알 수 있을 것입니다. 진실로 신앙자는 천국에 맞는, 불신자는 지옥에 적합한 본성을 갖게 된다는 것을…. 그리고 그것들 각 하나하나가 그만큼의 가치를 가진 이유는 신앙자가 신앙으로, 창조주의 위탁물을 그분의 이름으로 또는 그분이 허락하시는 범위 내에서 이용하는 것입니다. 그리고 불신자는, 반역하여 사리 탐욕적인 자아를 위해 사용합니다.

네 번째 수익: 인간은 약하며, 고난들은 무척이나 많고 빈곤하며 필요한 것들이 너무 많습니다. 또한, 무능력하며 삶의 부담은 너무 무겁습니다. 만일 전능하고 영광스러우신 분께 기대며 의탁하지 않고 신뢰하며 복종하지 않는다면, 자신의 양심은 항상 고통 속에 놓일 것입니다. 결과가 없는 고생들, 고통들, 후회들은 자신의 목을 죄며 취하게 하거나 아니면 괴물로 만들 것입니다.

다섯 번째 수익: 그 모든 장기와 도구와 경배와 찬미와 높은 보상은 (제일 필요할 때) 천국의 과일들로 당신에게 주어지리라는 것에 대해, 이 사실을 이미 겪고 밝혀낸 전문가와 증인들이 동의합니다.

이처럼 이 다섯 가지 수익성이 있는 장사를 하지 않는다면, 그 다섯 가지 수익을 박탈당할 뿐만 아니라 다섯 가지의 손해를 보게 될 것입니다.

첫 번째 손해: 당신이 그만큼 애착을 느끼는 재산과 자식,

숭배하는 자아와 욕구, 마음이 사로잡힌 젊음과 인생은 낭비되어 사라져 버릴 뿐만 아니라 당신의 손으로부터 빠져나갈 것입니다. 하지만 그들의 죄와 고통은 당신의 어깨에 짊어지게 될 것입니다.

두 번째 손해: 위탁물을 반역한 벌을 받게 될 것입니다. 왜냐하면 가장 가치 있는 도구를 가장 값어치 없는 것들에 소비하여 당신 자신을 스스로 학대했기 때문입니다.

세 번째 손해: 그 모든 소중한 인간의 도구를 동물 수준보다 낮게 떨어뜨리며 신의 지혜를 모욕하고 반대하게 될 것입니다.

네 번째 손해: 당신은 무능력하고 빈곤한데도 그 상당히 무거운 삶의 짐을 약한 어깨에 짊어져 소멸과 헤어짐의 뺨을 맞기 때문에 영원히 비명을 지르게 될 것입니다.

다섯 번째 손해: 영원한 삶의 본질과 내세의 행복에 필요한 것들을 확보하기 위하여 주어진 이성, 마음, 눈, 혀와 같은 자비로우신 분의 선물을 지옥의 문을 열게 할 추악한 상태로 바뀌게 할 것입니다.

이제 파는 것을 살펴봅시다. 과연 파는 것이 그 정도로 부담스러워서 많은 사람이 피하는 것이겠습니까? 결코 아닙니다! 전혀 부담스럽지 않습니다. 게다가 할랄(Helal: 허용된 것)의 범위가 넓어 즐거움에 충분합니다. 하람(Haram: 금지된 것)에 들어갈 필요가 전혀 없습니다. 성스러운 의무는 가볍고 적습니다. 하나님의 종과 군인이 되는 것은 설명할 수 없을 만큼 달콤한 명예입니다. 의무는 오로지 군인처럼 하나님의 이름으로 행하고 시작하는 것입니다. 그리고 하나님의 이름으로 주어야 하고 받아야 합니다. 그리고 그분의 허락과 법의 범위 내에서 행동해야 하며 평온을 찾아야 합니다. 실수하면 용서를 구해야 합니다.

"주님, 저희의 실수를 용서해 주소서.
저희를 당신의 종으로 받아들여 주소서.
당신의 위탁물을 받으실 때까지 저희의 위탁물을
안전하게 지키게 해주소서. 아민"

이라고 하며 그분께 간절히 간청해야 합니다.

일곱 번째 말씀

이 삼라만상의 풀어내기 어려운 비밀을 여는

اٰمَنْتُ بِاللّٰهِ وَ بِالْيَوْمِ الْاٰخِرِ

"하나님과 심판의 날을 믿었다"

이 표현은 인간의 영혼을 위하여 행복의 문을 여는 주술로써, 어려움을 풀어내는 얼마나 가치 있는 두 개의 주술인지, 또한 인내하며 창조주에게 의탁하고 대피하는 것과 감사함으로 양식을 주시는 분께 요청하고 기도하는 것이 얼마나 유용한 두 개의 약인지, 또한 꾸란을 듣고 그것의 판단을 따르며 예배를 드리고 대죄(大罪)를 짓지 않는 것이 영원한 여행 시 얼마나 중요하고 소중한 빛나는 승차권이며, 내세의 식량이며, 무덤의 빛인지 알고 싶다면 다음과 같은 비유적인 이야기를 들어보십시오.

어느 날 한 명의 군인이 전쟁과 시험의 장에서 그리고 이득과 손실의 환경에서 무척 공포스러운 상황에 떨어졌습니다. 오른쪽과 왼쪽 양쪽 모두에 끔찍하고 깊은 상처가 났으며, 뒤에는 거대한 사자가 그를 공격하기 위하여 기다리는 것처럼 있었습니다. 또한 바로 앞에 세워진 교수대가 모든 사랑하는 사람들을 사형 시켜 없애고 있었고, 또한 그도 기다리고 있었습니다. 게다가 이 상태로 긴 여정을 떠나야 했으며 추방을 당하고 있었습니다.

그 불쌍한 사람이 이 공포스러운 상황 속 절망 가운데 있을 때, 오른쪽에서 갑자기 친절하고 빛나는 분이 나타나 그에게 말을 했습니다.
"희망을 잃지 말게! 당신에게 두 가지 주술을 가르쳐 줄 테니, 잘 쓴다면 그 사자는 당신에게 유순한 말이 될 것이라네. 또한 그 교수대는 당신을 즐기게 하고 기쁨을 주는 그네로 변할 것이라네. 또한 당신에게 두 개의 약을 줄 테니 잘 쓴다면 그 곪은 두 상처는 무함마드(그분에게 하나님의 평화가 깃들기를)의 찬미라는 향기로운 두 송이 꽃으로 변할 것이네. 또한 당신에게 승차권 한 장을 줄 테니 그것으로 일 년이나 걸릴 길을 날아가는 것처럼 하루 만에 갈 수 있을 것이라네.

자! 만일 믿기지 않는다면 조금만 체험해 보면 맞는 말임을 알 수 있을 것이라네."

그는 실제로 조금 체험해본 후 맞다고 인정하였습니다. 그렇습니다. 본인, 이 불쌍한 사이드(Said)조차 이것을 인정하였습니다. 왜냐하면, 조금 체험해 보았고 참으로 옳다고 느꼈기 때문이었습니다.

그리고 난 후 갑자기 보니 왼쪽에 악마 같은 음모자이면서 알코올 중독자인 동시에 사기꾼인 어떤 사람이 많은 장식, 꾸민 사진, 판타지 물건, 술을 가지고 와서 그의 앞에 서며 그에게 말을 했습니다.

"어이 친구! 이리로 와. 같이 술을 마시며 즐기세. 이 예쁜 여자들의 사진들을 보며 좋은 노래들을 들으며 맛있는 음식들을 먹세."

질문: 도대체 입으로 조용하게 암송하는 게 뭔가?
답: 하나의 주술이지.
"그만두게나. 그런 이해 안 되는 것은. 지금의 즐거움을 망치지 말자."

질문: 아.. 손에 있는 게 뭔가?

답: 하나의 약이야.

"그거 버려. 당신은 건강하잖아. 너 왜 그래? 놀 시간인데.."

질문: 어? 그 다섯 개의 표시가 있는 종이가 뭔가?

답: 한 장의 승차권이라네. 하나의 파견 명령서야.

"그런 것들은 찢어버려. 이 아름다운 봄에 여정을 보낸다는 것이 말이 되는가?" 라고 하며 여러 가지 음모로 그를 설득하려고 했습니다. 그 불쌍한 사람은 그에게 조금 흔들렸습니다. 그렇습니다. 인간은 속임수에 당할 수 있으며 나도 그런 음모자에게 속았습니다.

갑자기 오른쪽에서 천둥 같은 소리가 들렸습니다. "절대로 속지 말아라! 그 속이는 자에게 이렇게 말해라. '만일 뒤에 있는 사자를 죽이고 앞에 있는 교수대를 없애고 왼쪽과 오른쪽에 있는 상처를 치료해 줄 수 있고 내가 가야 하는 여정을 중단시킬 수 있는 해결책을 가지고 있거나 찾을 수 있으면 한번 해 봐라. 아니면 보여 줘 봐. 그런 다음 나에게 같이 놀자고 해. 그렇게 하지 못한다면 조용히 해라. 이 멍청이야! 그래야 지금 하늘에서 오신 분이 말씀하실 테니까' "

 이처럼 젊었을 때 웃고 지금은 그 웃음에 우는 나의 자아여! 아십시오! 그 불쌍한 군인은 당신이거나 인간입니다. 그리고 그 사자는 죽음의 순간입니다. 그리고 그 교수대는 죽음, 소멸, 헤어지는 것으로, 밤과 낮의 순환에서 모든 친구가 헤어지고 사라집니다. 그리고 그 두 개의 상처 중 하나는 짜증스럽고 끝이 없는 인간의 무능력함이며 다른 하나는 고통스럽고 끝이 없는 인간의 빈곤입니다. 그리고 그 추방과 여정은 영혼의 세계에서, 엄마의 자궁에서, 어린 시절에서, 노령에서, 현세에서, 무덤에서, 중간 세상에서, 부활에서, 스라트(Sırat)[23]라고 하는 다리를 지나가는 긴 시험의 여정입니다.

 그리고 그 두 가지의 주술은 전능하신 창조주에 대한 믿음과 내세에 대한 믿음입니다. 그렇습니다. 이 성스러운 주술을 통하여 죽음은 신앙이 있는 인간을 현세의 감옥으로부터 천국의 정원으로, 자비로우신 분의 앞으로 데려다주는 유순한 말과 부라끄(Burak)[24]의 모습으로 바뀝니다. 그래서 죽

---

23) 스라트(Sırat): 천국으로 가기 위하여 누구나 통과해야 하는 지옥 위에 있는 다리
24) 부라끄(Burak): 천국으로 가는 특별한 이동수단인 말

음의 진리를 보는 성숙한 사람들은 죽음을 좋아하였으며, 죽음이 아직 오기도 전에 죽고 싶어 하였습니다.

또한 소멸과 헤어짐, 죽음, 사망, 교수대 같은 시간의 흐름은 그 신앙의 부적을 통하여 영광스럽고 예술가이신 분의 아주 신선하고 다양한 색깔인 여러 가지 기적의 자수, 권능의 놀라움, 자비의 징후를 완전한 기쁨으로 구경할 수 있게 해 주는 수단이 됩니다. 그렇습니다. 태양의 빛의 색깔들을 보여 주는 거울들이 새로 바뀌는 것과 극장의 화면이 변하는 것으로 더 상쾌하고 더 아름다운 장면이 생깁니다.

그리고 그 두 가지 약 중 하나는 인내와 의탁하는 것입니다. 즉 자신의 창조주의 권능에 기대하고 지혜에 신뢰하는 것입니다. 과연 그렇습니까? 그렇습니다.

كُنْ فَيَكُونُ

"무엇에게 '있어라!' 그러면 그것이 있느니라"[25]

라는 명령의 주인이신 세계의 왕에게 자신의 무능력함의 증명서로 의지하는 사람이 무슨 두려움이 있을 수 있겠습니까? 왜냐하면, 가장 끔찍한 재앙 앞에서

---

25) 꾸란2장 111절, 36장 82절

﷽ اِنَّا لِلّٰهِ وَاِنَّا اِلَيْهِ رَاجِعُونَ ❋

"재앙이 있을 때 '오 주여! 우리는 주 안에 있으며
주께로 돌아가나이다.'"[26]

라고 하며 완전한 믿음으로 자애로우신 주님을 신뢰하기 때문입니다. 그렇습니다. 하나님을 올바르게 알고 있는 사람은 무능력함과 하나님을 두려워함으로부터 즐거움을 느낍니다. 그렇습니다. 그 두려움에는 즐거움이 있습니다. 만일 나이가 한 살인 어린아이에게 이성이 있다고 치고, 그에게 다음과 같이 묻는다고 해봅시다. "너에게 가장 즐겁고 달콤한 상태가 무엇이니?" 아마도 그는 말할 것입니다. "나의 무능력함과 약함을 알고 엄마가 달콤한 뺨을 때리는 것을 무서워하며 다시 엄마의 자비의 품 안으로 안기는 것이에요."

더군다나 모든 어머니의 자비는 오로지 그분의 자비를 비추는 한 줄기 섬광일 뿐입니다. 그렇기 때문에 성숙한 사람들은 무능력함과 하나님을 두려워함에 그토록 달콤함을 느껴 자신의 힘으로부터 완전히 피하여 하나님께 무능력함으로써 대피하였습니다. 무능력과 두려워함을 자신의 중재자

---

[26] 꾸란2장 156절

로 이용하였던 것입니다.

다른 약은 하나님께 감사드리고 만족하면서, 요구하는 것과 기도하는 것 그리고 자애로우시고 양식을 주시는 분의 자비에 신뢰하는 것입니다. 과연 그럴까요?

그렇습니다. 온 지구상을 은총의 식탁으로 하시고, 봄의 계절을 꽃 한 다발처럼 만드시고 그 식탁 위에 놓으시며, 그 위에 펼쳐 놓으신 무척 관대하시고 호의를 베푸시는 분의 손님에게 빈곤과 필요가 과연 고통스럽고 부담이 될 수 있을까요? 오히려 빈곤과 필요는 즐거운 식욕의 형태로 변하며 식욕을 증가시키게 합니다. 그렇기 때문에 성숙한 사람들은 빈곤으로 자랑했습니다. (절대 잘못 이해하지 마세요! 하나님 앞에서 빈곤을 느끼고 간절하게 애원한다는 말입니다. 그렇지 않고 자신의 빈곤을 사람들에게 보여 주며 거지처럼 행동한다는 말이 아닙니다.)

그리고 그 승차권은 예배를 비롯하여 의무를 수행하며 큰 죄를 피하는 것입니다. 맞는 말일까요?

그렇습니다. 모든 보이지 않는 세계를 보고 그에 대한 지식을 가진 사람들과 모든 그 신앙의 진리들이 자신들에게 열려 그 맛을 느끼는 사람들의 의견이 일치하듯이, 그 길고 어두운 영원한 영역으로 가는 길에서 주식량, 빛과 부락(Burak)은 오로지 꾸란의 명령을 따르고 금지하는 것들로부터 피해야 확보할 수 있습니다. 그렇지 않으면 과학이나 철학, 미술이나 지혜는 그 길에서 아무런 가치가 없습니다. 그들의 빛은 단지 무덤의 문까지입니다.

이처럼, 게으른 나의 자아여! 다섯 번 예배를 드리는 것과 7개의 대죄(大罪)를 피하는 것이 얼마나 작고 편하고 가벼운가요. 또한 그것들의 결과와 열매와 이득이 얼마나 중요하고 많은지, 이성이 있고 판단력을 잃어버리지 않았다면 알 수 있을 것입니다. 또한 타락과 방탕함을 격려하는 사탄과 그 사람에게 말할 수 있을 것입니다.

"만일 죽음을 죽이고 이 세상에서 소멸을 없애버릴 수 있고 인간을 무능력함과 빈곤에서 벗어나게 하고 무덤의 문을 닫아버릴 방법이 있다면 말해보아라! 한번 들어나 보자! 하지만 없다면 조용히 해라! 삼라만상이라는 거대한 성원에 꾸란은 삼라만상을 읽고 있으니 그것을 듣고 그 빛으로 우리를 밝히게 하자. 또한 그의 지도로 행동하며 그것을 끊임없이 암송하자."

 그렇습니다. 그 말은 바로 꾸란이며 그 말 이외에는 말이라고 할 수 없습니다. 진리이며, 진리이신 하나님으로부터 나오며 진리를 이야기하고 진리를 보여주고 빛나는 지혜를 펼치는 것은 바로 꾸란입니다.

اَللّٰهُمَّ نَوِّرْ قُلُوبَنَا بِنُورِ الْاِيمَانِ وَ الْقُرْاٰنِ اَللّٰهُمَّ اَغْنِنَا بِالْاِفْتِقَارِ اِلَيْكَ وَ لَا تُفْقِرْنَا بِالْاِسْتِغْنَاءِ عَنْكَ تَبَرَّاْنَا اِلَيْكَ مِنْ حَوْلِنَا وَ قُوَّتِنَا وَ الْتَجَئْنَا اِلٰى حَوْلِكَ وَ قُوَّتِكَ فَاجْعَلْنَا مِنَ الْمُتَوَكِّلِينَ عَلَيْكَ وَ لَاتَكِلْنَا اِلٰى اَنْفُسِنَا وَاحْفَظْنَا بِحِفْظِكَ وَارْحَمْنَا وَ ارْحَمِ الْمُؤْمِنِينَ وَ الْمُؤْمِنَاتِ وَ صَلِّ وَ سَلِّمْ عَلٰى سَيِّدِنَا مُحَمَّدٍ عَبْدِكَ وَ نَبِيِّكَ وَ صَفِيِّكَ وَ خَلِيلِكَ وَ جَمَالِ مُلْكِكَ وَ مَلِيكِ صُنْعِكَ وَ عَيْنِ عِنَايَتِكَ وَ شَمْسِ هِدَايَتِكَ وَ لِسَانِ حُجَّتِكَ وَ مِثَالِ رَحْمَتِكَ وَ نُورِ خَلْقِكَ وَ شَرَفِ مَوْجُودَاتِكَ وَ سِرَاجِ وَحْدَتِكَ فِى كَثْرَةِ مَخْلُوقَاتِكَ وَ كَاشِفِ طِلْسِمِ كَائِنَاتِكَ وَ دَلَّالِ سَلْطَنَةِ رُبُوبِيَّتِكَ وَ مُبَلِّغِ مَرْضِيَّاتِكَ وَ مُعَرِّفِ كُنُوزِ اَسْمَائِكَ وَ مُعَلِّمِ عِبَادِكَ وَ تَرْجُمَانِ اٰيَاتِكَ وَمِرْاٰتِ جَمَالِ رُبُوبِيَّتِكَ وَ مَدَارِ شُهُودِكَ وَ اِشْهَادِكَ وَ حَبِيبِكَ وَ رَسُولِكَ الَّذِى اَرْسَلْتَهُ رَحْمَةً لِلْعَالَمِينَ وَ عَلٰى اٰلِهِ وَ صَحْبِهِ اَجْمَعِينَ وَ عَلٰى اِخْوَانِهِ مِنَ النَّبِيِّينَ وَ الْمُرْسَلِينَ وَ عَلٰى مَلٰئِكَتِكَ الْمُقَرَّبِينَ وَ عَلٰى عِبَادِكَ الصَّالِحِينَ اٰمِينَ

"하나님! 우리의 마음을 신앙과 꾸란의 빛으로 빛나게 해 주소서! 하나님! 우리 자신이 당신을 계속 필요로 느낄 수 있도록 풍요롭게 해주소서! 당신의 자비의 필요함을 느끼지 않는 빈곤함에 떨어지게 않게 해주소서! 우리 자신의 힘과 능력으로부터 포기하여 당신의 힘과 능력에 기대게 해주소서! 우리를 당신에게 의탁할 수 있는 자들로 해 주소서!우리가 우리 자신에게 맡기지 않게 해 주소서! 당신의 보호로 우리를 보호해 주소서! 모든 남성과 여성 신앙인에게 자비를 베풀어 주소서! 당신의 종, 예언자, 당신께서 선택하신, 당신의 친구, 당신의 영토의 아름다움, 당신의 예술품의 왕, 당신의 호의의 샘, 당신의 인도의 태양, 당신의 증거의 언어, 당신의 자비의 본보기, 당신의 창조물들의 빛, 피조물들의 명예, 셀 수 없이 많은 피조물 가운데 당신의 동일함의 등불, 삼라만상의 주술을 밝히는 자, 양육하시는 왕권의 공표자, 당신이 동의하신 전달자, 당신 이름들의 보물 상자들의 소개자, 종들의 교육자, 삼라만상의 증거들의 해설자, 당신의 양육하심의 아름다움들의 거울, 당신을 보이며 또한 보여주는 수단이 되는 당신의 사랑하는 자, 세상들의 자비로서 보내어진 사도 무함마드(그분에게 하나님의 평화가 깃들기를)와 모든 그의 가족과 친척과 형제인 예언자들, 사도들과 당신의 가까운 천사들과 올바른 종들에게 평화와 안전을 주소서. 아민."

여덟 번째 말씀

자비로우시고 자애로우신 하나님의 이름으로

اَللّٰهُ لَآ اِلٰهَ اِلاَّ هُوَ الْحَىُّ الْقَيُّومُ ۞
اِنَّ الدِّينَ عِنْدَ اللهِ اْلاِسْلاَمُ ۞

"하나님 외에는 신이 없으며 그분은 생존하시며 영원하시도다"[27)]
"실로 하나님의 종교는 이슬람 뿐이다"[28)]

이 세상, 세상 속에 있는 인간의 영혼, 인간에게 있어서 종교의 본질과 가치, 만일 올바른 종교가 없다면 이 세상이 토굴 감옥이 되는 것, 종교가 없는 자가 가장 불행한 존재라는

---

27) 꾸란 3장 2절
28) 꾸란 3장 19절

것과 이 세상의 주술을 열어내며 인간의 영혼을 어두움으로부터 구해 주는 것은

لَا اِلٰهَ اِلَّا اللهُ يَا اَللهُ

: '하나님' 그리고 '하나님 외에는 신이 없도다'

라는 것을 알고 싶다면, 다음과 같은 짧은 이야기를 들어보십시오.

옛날에 두 명의 형제가 긴 여행을 함께 떠났습니다. 얼마 후 길이 두 개로 갈라졌고 그 길이 갈라진 곳에서 그들은 어떤 진지한 사람을 보았고 그에게 물었습니다. "어떤 길이 좋습니까?" 그 사람이 그들에게 말하길, "오른쪽 길에서는 법과 규칙을 따라야 하지만 그 부담 안에 안전과 행복이 있소. 왼쪽 길에는 편안함과 자유가 있지만, 그 편안함 속에서 위험과 곤란을 겪게 될 것이오. 이제 선택은 당신들이 하시오."

이 말을 듣고 나서 성격이 좋은 형제는

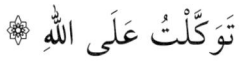

"저는 하나님을 의지합니다."

라고 하며 오른쪽 길로 갔습니다. 그리고 규칙과 질서를 따르기로 하였습니다. 부도덕하고 부랑자 같은 다른 형제는 오로지 자유를 위하여 왼쪽 길을 선택하였습니다. 겉으로 볼 때는 가볍지만 사실은 힘든 상태로 가는 이 사람을 우리도 상상으로 따라가 봅시다.

이 사람은 강도 건너고 언덕을 넘어 적막한 사막으로 들어갔습니다. 갑자기 공포스러운 소리가 들렸습니다. 보아하니 무서운 사자 한 마리가 숲에서 나와 자신을 공격하려 하고 있었습니다. 도망가다 보니 물이 없는 60미터 깊이의 우물이 있었습니다. 무서움에 안으로 뛰어들었고 우물의 반 정도 깊이까지 떨어졌을 때, 손에 나무가 걸려서 잡게 되었습니다. 우물의 벽에서 나온 그 나무는 뿌리가 두 개 있었고, 두 마리의 쥐가(한 마리는 흰색, 한 마리는 검은색) 그 두 개의 뿌리를 공격하며 갉아먹고 있었습니다. 위를 보니 사자는 우물 앞에 보초처럼 기다리고 있었습니다. 아래를 보니 공포스러운 용 한 마리가 있었습니다. 고개를 들어 30미터 위에 있는 그 사람의 발에 다가와 있었고 입은 우물의 입구만큼 컸습니다. 우물의 벽을 보니 물고 해를 입히는 곤충들이 둘러싸 있었습니다. 나무의 끝을 보니 무화과나무가 있었습니다. 그

런데 놀랍게도 여러 종류의 과일나무들이 (호두를 비롯하여 석류까지) 있었습니다.

이 사람은 생각이 없고 어리석어서 이것이 정상적인 일이 아님을 이해하지 못하였습니다. 이런 일은 우연한 일이 아니고, 이 이상한 일 속에 신비스러운 비밀이 있으며 상당히 큰 작업자가 있다는 사실을 알지 못하였습니다.

지금 그의 마음, 영혼, 정신은 이 고통스러운 상황으로 인하여 자신도 모르게 비명을 지르고 있음에도 불구하고 자신의 사리 탐욕적인 자아는 마치 아무 일도 없다는 듯이 모르는 척하며, 자신의 영혼과 마음이 우는 것을 무시하며 자신을 속여 마치 정원에 있듯이 그 나무의 과일을 먹기 시작하였습니다. 더군다나 그 과일 중 일부분은 독하고 해로웠습니다.

어떤 성스러운 하디스에 의해 전능하신 창조주께서 다음과 같이 말씀하십니다.

اَنَا عِنْدَ ظَنِّ عَبْدِی بِی

"나의 종이 나를 어떻게 알면 그에게 그렇게 대한다"[29]

---

29) 하디스: 부하르가 전함, 타우히드, 15/ 무슬림이 전함, 테베, 1 등

이처럼 이 불행한 사람은 생각이 없고 어리석어서 자신이 보고 있는 것이 당연히 현실인 줄 알았으며, 그로 인해 그것에 따라 그렇게 대우를 받았고 받고 있으며 그렇게 받을 것입니다. 죽어서 벗어날 수도 없고 살 수도 없습니다. 그렇게 고통을 당하고 있었습니다. 우리 또한 그 비관적인 사람을 이 고통 속에 놓아두고 돌아가겠습니다. 그래야 다른 형제의 상황을 알 수 있을 것입니다.

축복받은 현명한 사람이 가고 있습니다. 그러나 앞서 말한 형제만큼 불편하지 않았습니다. 왜냐하면 좋은 성품이라서 좋은 것들을 생각하고 좋은 상상들을 하고 자기 스스로 편안하게 지내기 때문입니다. 또한 다른 형제처럼 고생이나 어려움을 당하지 않았습니다. 왜냐하면 그는 규칙을 알고 따라가므로 모든 일이 쉬워졌기 때문입니다. 평화로움과 안전함 속에 편안하게 가고 있었습니다.

그렇게 정원에 도착했습니다. 그 안에 아름다운 꽃뿐만 아니라 과일들도 있었습니다. 관리하지 않아 아주 더러운 것들도 있었습니다. 다른 형제도 이런 정원에 들어갔지만 아주 더러운 것들에 신경을 쓰면서 바쁘게 지내고, 징그럽다고 느끼며 전혀 쉬지 못하고 나가버렸었습니다. 하지만 이 형제는

"모든 것의 좋은 면을 보라"는 원칙에 따라 행동하며 더러운 것들을 전혀 보지 않고 좋은 것들을 잘 이용하며 편하게 쉬고 나갔습니다.

그다음 얼마쯤 간 후 그도 그 형제처럼 거대한 사막에 도착했습니다. 갑자기 자신을 공격하려는 사자의 소리가 들려 놀랐습니다. 하지만 그 형제만큼 놀라지 않았습니다. 왜냐하면, 긍정적인 사고와 좋은 생각으로 '이 사막의 지배인이 있다. 그리고 이 사자는 그 지배인의 명령에 따르는 하인일 가능성이 있다.'라고 생각하여 마음이 놓였습니다. 하지만 도망갔으며 얼마 후 60미터 깊이의 물이 없는 우물에 도착했고 그 안으로 뛰어 들어갔습니다. 그 형제처럼 우물의 반 정도 높이에 나무 하나가 손에 잡혀 공중에 매달렸습니다. 보아하니 동물 두 마리가 그 나무의 뿌리를 갉아 먹고 있었습니다. 위를 보니 사자가 있었으며 아래를 보니 한 마리의 용이 있었습니다. 그 형제와 똑같은 이상한 상황을 보았습니다. 그도 무서워했지만, 그 형제보다 천 배 정도 덜하였습니다. 왜냐하면 자신의 좋은 성품이 좋은 생각을 하게 하였고 그에게 모든 것의 좋은 점을 보여 주었기 때문입니다.

이러한 이유로 다음과 같이 생각하였습니다. '이 이상한 것들은 서로 관계가 있고 어떤 명령에 따라 행동하는 것처럼 보인다. 그렇다면 이 일들에는 어떤 주술이 있을 것이다. 그렇다. 이런 일들은 어떤 숨겨진 지배인의 명령의 따라 운영된다. 그렇다면 나는 혼자가 아니다. 그 숨겨진 지배인은 나를 지켜보고 계시며 나를 시험하고 계시며 어떤 목적을 위해서 나를 어디론가 보내시며 초대하신다.'

이 달콤한 공포와 좋은 생각으로부터 다음과 같은 호기심이 생겼습니다. '과연 나를 시험하시고 자신을 나에게 소개해 주고 싶어 하시며 이 신기한 길로 어떤 목적을 위해 보내시는 분은 누구신가?'

그런 후 알고 싶은 호기심 때문에 그 주술의 주인에 대한 사랑이 생겼습니다. 그 사랑 때문에 그 주술을 열고 싶은 마음이 생겼습니다. 그리고 그 마음 때문에 주술의 주인을 만족시키며 반갑게 할 좋은 모습을 가지고 싶은 의지가 생겼습니다.

그 후 나무 위를 보니 무화과나무가 보였습니다. 더군다나 그 나무에 수천 가지 열매들이 열려 있었습니다. 그 순간 자신의 모든 공포스러운 마음이 완전히 사라졌습니다. 왜냐하면 확실하게 알 수 있는데, 이 무화과나무는 하나의 목록이며 하나의 색인이며 하나의 전시회이기 때문입니다. 그 보이지 않는 지배인은 자신의 정원에 있는 과일들의 샘플을 어떤 주술과 기적으로 그 나무에 걸어, 자신의 손님들을 위하여 준비하신 음식들에 각각의 표시로서 그 나무를 꾸미신 것이 틀림없었습니다. 그렇지 않고 단 한 개의 나무가 수천 가지 각기 다른 열매들을 열게 할 수 없을 것이기 때문입니다.

그 후 그는 간청하기 시작하였고 그 주술의 열쇠가 그에게 영감을 주었습니다. 그리고는 이렇게 소리쳤습니다.

"이곳의 지배인이여! 당신의 손에 저를 맡기겠습니다.
당신에게 대피합니다. 당신을 섬기는 자가 되겠습니다.
당신의 만족을 원합니다. 당신을 찾고 있습니다."

이 간청 후 갑자기 우물의 벽이 갈라지며 경이롭고 쾌적하고 아름다운 정원의 문이 열렸습니다. 사실 용의 입이 그 문으로 변한 것입니다. 사자와 용은 두 명의 하인으로 변했습니다. 그리고 그들은 그를 안으로 초대하고 있었습니다. 게다가 그 사자는 그에게 유순한 말이 되었습니다.

이처럼 게으른 나의 자아여! 그리고 나의 가상적인 친구여! 이리로 와서 이 두 형제의 상태를 비교해봅시다. 그래야 긍정적인 사고가 어떻게 긍정적인 일을 일으키며, 부정적인 사고가 어떻게 부정적인 일을 일으키는지 보고 알 수 있을 것입니다.

보십시오, 왼쪽 길의 불행한 여행자는 언제든지 용의 입으로 들어갈 수 있음에 떨고 있습니다. 하지만 이 행운한 사람은 과일이 있는 빛나는 정원으로 초대를 받습니다. 또한 그 불행한 사람은 고통스러운 공포와 거대한 두려움으로 인하여 마음이 갈기갈기 찢어지고 있습니다. 이 행운한 사람은 즐거운 교훈과 달콤한 무서움과 사랑스러운 지식으로 신기한 것들을 구경하며 관찰하고 있습니다. 또한 그 불행한 사람은 공포와 절망과 외로움으로 인하여 고통을 당하고 있고, 이 행운한 사람은 유대감과 희망과 갈망 속에 즐기고 있습니다. 또한 그 불행한 사람은 자신을 야만적인 짐승들의 공격을 당할 수 있는 재소자로 보고 있고, 이 행운한 사람은 귀중한 손님이라서 자신을 대접해 주시는 관대하신 주인의 신기한 하인들과 유대감을 느끼며 즐기고 있습니다. 또한 그 불행한 사람은 겉으로 보기에는 맛있지만 실제로는 독한 과일들을 먹어 고통을 더 재촉하고 있습니다. 왜냐하면, 그 과일들은 샘플이므로 맛을 보는 것은 허락되고, 그래야 정품을 원하며 고객이 될 수 있기 때문입니다. 하지만 동물처럼 집어삼키는 것은 허락되지 않습니다. 반면에 그 행운한 사람은 맛을 보고 깨닫게 되어 먹는 것을 미루며 기다리면서 즐깁니다. 또한 그 불행한 사람은 스스로 잘못을 저질렀습니다. 낮같이 아름다운 진리와 밝은 상황을 자신이 분별하지 못해 칠흑 같은 어두움과 캄캄한 망상이나 하나의 지옥으로 만들어 버렸습니다. 연민 받을 자격도 없고 누구를 볼만할 권리도 없습니다.

예를 들면 어떤 사람이 여름에 아름다운 정원에서 친한 친구들과 즐거운 연회장에서 즐기는 것으로 만족하지 않고 더러운 주류들로 취하며 자신을 한겨울에, 짐승들 가운데, 굶고, 발가벗고 있다고 생각하면서 소리치며 울기 시작한다면, 연민 받을 자격이 없을 것입니다. 왜냐하면 자신이 스스로 잘못을 저지르면서 친한 친구들을 괴물로 보고 모욕하였기 때문입니다. 바로 이 불행한 사람도 그렇습니다.

반면에 이 행운한 사람은 진리를 봅니다. 진리는 좋은 것이고, 진리가 좋다는 것을 이해함으로써 진리의 주인의 완벽함

을 존경하며 그분의 자비를 받을 만하게 됩니다. 즉,

"너희에게 오는 행운은 하나님에서 비롯된 것이나
너희에게 오는 불행은 너희로부터 비롯된 것이니라"[30]

라는 꾸란의 판단의 비밀이 밝혀지게 됩니다. 이와 같은 방식으로 다른 점들도 비교한다면 알 수 있듯이, 전자의 사리 탐욕적인 자아가 그에게 정신적인 지옥을 준비하였습니다. 그리고 후자의 좋은 의도와 좋은 사고와 좋은 성격과 좋은 생각은 그를 큰 호의와 행복, 빛나는 좋은 성품과 축복의 대상이 되었습니다.

오 나의 자아여! 오 나의 자아와 함께 이 이야기를 듣는 당신이여! 만일 그 불행한 형제가 되고 싶지 않고 행운한 형제가 되고 싶다면, 꾸란을 들으십시오! 그리고 그것의 판단에 복종하십시오! 그리고 그것을 붙잡으십시오! 그리고 그것의 판단으로 행동하십시오!

만일 이 비유적인 이야기에 있는 진리들을 이해했다면, 종교와 세상과 인간과 신앙의 진리를 그 비유적인 이야기에 적

---

[30] 꾸란 4장 79절

용할 수 있을 것입니다. 중요한 것들을 제가 설명해 줄 테니 세세한 것들은 당신이 추론하십시오.

보십시오! 그 두 명의 형제 중 한 사람은 믿는 자의 영혼과 올바른 사람의 마음입니다. 다른 한 사람은 불신자의 영혼과 타락한 사람의 마음입니다. 그리고 그 두 개의 길 중 오른쪽 길은 꾸란과 신앙의 길이며, 왼쪽 길은 반역과 부인(否認)의 길입니다. 그리고 그 길에 있는 정원은 인간의 사회와 인간의 문명 안에 있는 일시적인 사회생활인데 그 안에 좋은 것과 나쁜 것, 선(善)과 악(惡), 깨끗한 것과 더러운 것들이 섞여 있습니다. 현명한 사람은

$$\text{خُذْ مَا صَفَا دَعْ مَا كَدَرْ}$$

"기분 좋고 쾌적한 것을 얻으며
괴롭히고 고민을 주는 것을 버려라"[31]

라는 원칙에 따라 행동하며 평화로운 마음으로 살아갑니다. 그리고 그 사막은 이 지구와 세상입니다. 그 사자는 죽음과 죽는 순간입니다. 그리고 그 우물은 사람의 몸과 생애입니다. 그 육십 미터 깊이는 평균 수명인 육십 년을 가리킵니

---

31) 꾸란 7장 145절

다. 그리고 그 나무는 삶의 기간과 삶의 물질적인 것들입니다. 그리고 그 검은색과 흰색의 두 마리 동물은 밤과 낮입니다. 그리고 그 용은 입구가 무덤인 중간 세상의 길과 내세의 정자(亭子)입니다. 그러나 그 입은 신앙자에게 감옥에서 정원으로 열리는 문입니다. 그리고 그 해로운 벌레들은 현세의 재난입니다. 그러나 신앙자에게 그 재난은 둔한시함의 잠이 들지 않도록 하기 위한 달콤한 신성(神聖)한 경고들과 자비로우신 분의 호의와 같습니다. 그리고 그 나무에 있는 열매들은 현세의 은총들인데, 절대적으로 관대하신 창조주께서 그 은총들을 내세의 은총들의 목록이며 상기시키는 것이며 유사한 것들이며 또한 천국의 과일들을 고객에게 초대하는 샘플들로 만드셨습니다. 그리고 그 나무가 하나인데도 다양한 열매를 맺는 것은 Kudret-i Samedâniye[32]의 직인과 Rubûbiyet-i İlâhiye[33]의 도장과 Saltanat-ı Ulûhiyet[34]의 인감을 표시합니다.

왜냐하면 '단 한 개의 것으로 모든 것을 만드는 것' 즉, 같은 흙으로 모든 식물과 과일을 만드는 것, 같은 물로 모든 동

---

[32] Kudret-i Samedâniye: 온갖 존재가 그분을 필요로 하지만 자신은 아무 것도 필요하지 않으신 하나님의 권능
[33] Rubûbiyet-i İlâhiye: 신의 양육하심
[34] Saltanat-ı Ulûhiyet: 신성(神聖)한 통치권

물을 창조하는 것, 단순한 하나의 음식으로 동물의 모든 장기를 만드는 것, 이와 함께 '모든 것을 단 하나의 것으로 만드는 것' 즉, 어떤 생물이 먹는 상당히 다양한 음식으로 그에게 맞는 살을 만드는 것, 단순한 피부를 짜는 것과 같은 예술은 유일하고 아무것도 필요로 하지 않으신 Sultan-ı Ezel ve Ebed[35]의 특별한 직인이며 모방할 수 없는 인감이기 때문입니다. 그렇습니다. '하나의 것으로 모든 것을, 모든 것으로 하나의 것을 만드는 것'은 모든 것의 창조주의 Kadîr-i Külli Şey[36]의 특별하고 유일한 표식과 증거입니다.

그리고 그 주술은 신앙의 비밀로 열리는 창조의 지혜의 비밀입니다. 그리고 그 열쇠는

يَا اَللّٰهُ لَا اِلٰهَ اِلَّا اللّٰهُ اَللّٰهُ لَا اِلٰهَ اِلَّا هُوَ الْحَىُّ الْقَيُّومُ ۞

"하나님! 그분 외에 신은 없도다. 그분은 살아계신 분,
자존 하시며 (존재하는) 모든 것의 보호자이시도다"[37]

입니다. 그리고 그 용의 입이 정원의 문으로 변하는 것은 다

---

35) Sultan-ı Ezel ve Ebed: 영원한 과거와 미래의 왕
36) Kadîr-i Külli Şey: 모든 것에 힘이 충분하고 무한한 힘을 가지신 분
37) 꾸란 2장 255절(꾸란 선 참고)

음의 표시인데, 무덤은 타락한 자들과 올바른 길에서 벗어난 자들에게는 고독과 잊힘 가운데 감옥과 같은 고생스럽고 용의 뱃속과 같은 좁은 무덤으로 열리는 문이지만, 꾸란과 신앙에 따라 사는 사람들에게는 세상의 감옥에서 영원한 정원으로, 시험의 장에서 천국의 정원으로, 삶의 고생에서 자비로우신 분의 자비로 열리는 문입니다.

또한, 그 사나운 사자가 친근한 하인과 유순한 사자로 변하는 것은 다음의 표시인데, 죽음은 타락한 자들에게는 좋아하는 모든 것들로부터의 고통스러운 영원한 헤어짐입니다. 또한, 자신을 속이는 현세의 천국에서 퇴출당함과 쫓겨남과 외로움과 고독감 가운데 무덤의 감옥으로 들어가는 것이며, 감옥임에도 불구하고 올바른 길에서 가는 자들과 꾸란에 따라 사는 자들에게는 다른 세상으로 가는, 예전의 친한 친구들과 친척들을 만나게 하는 수단입니다. 또한 진정한 고국과 영원히 행복한 곳으로 가는 수단입니다. 또한 세상의 감옥으로부터 천국의 정원으로 초대받는 것입니다. 또한 자비로우시고 자애로우신 분의 관대함으로부터 자신의 근무에 대한 급여를 받을 시간입니다. 또한 삶의 의무의 부담으로부터 제대하는 것입니다. 또한 숭배와 시험의 훈련과 규칙으로부터 벗어나는 것입니다.

결론: 누구든 일시적인 삶을 근본적인 목적으로 한다면 겉으로는 천국 안에 있다 하더라도 정신적으로는 지옥에 있을 것입니다. 또한 누구든 영원한 삶에 진실로 향하게 되면 현세와 내세의 행복에 이를 것입니다. 현세가 아무리 좋지 않고 고생스럽다고 하더라도 천국의 대기실과 같이 보이므로 좋게 보고, 만족하고 인내하면서 감사하게 됩니다.

اَللّٰهُمَّ اجْعَلْنَا مِنْ اَهْلِ السَّعَادَةِ وَ السَّلَامَةِ وَ الْقُرْاٰنِ وَ الْاِيمَانِ اٰمِينْ

اَللّٰهُمَّ صَلِّ وَ سَلِّمْ عَلٰى سَيِّدِنَا مُحَمَّدٍ وَ عَلٰى اٰلِهِ وَ صَحْبِهِ بِعَدَدِ جَمِيعِ الْحُرُوفَاتِ الْمُتَشَكِّلَةِ فِى جَمِيعِ الْكَلِمَاتِ الْمُتَمَثِّلَةِ بِاِذْنِ الرَّحْمٰنِ فِى مَرَايَا تَمَوُّجَاتِ الْهَوَاءِ عِنْدَ قِرَائَةِ كُلِّ كَلِمَةٍ مِنَ الْقُرْاٰنِ مِنْ كُلِّ قَارِئٍ مِنْ اَوَّلِ النُّزُولِ اِلٰى اٰخِرِ الزَّمَانِ وَ ارْحَمْنَا وَ وَالِدَيْنَا وَارْحَمِ الْمُؤْمِنِينَ وَالْمُؤْمِنَاتِ بِعَدَدِهَا بِرَحْمَتِكَ يَا اَرْحَمَ الرَّاحِمِينَ اٰمِينَ وَالْحَمْدُ لِلّٰهِ رَبِّ الْعَالَمِينَ

"하나님! 저희를 행복한 자들, 안전한 자들, 꾸란을 따르는 자들, 신앙인들로 허락하소서! 우리들의 대표자인 무함마드(그분에게 하나님의 평화가 깃들기를)와 그의 가족과 그의 친척과 꾸란이 처음 계시된 날부터 심판의 날까지 그것을 낭송한 모든 사람이 읽은 각각의 단어의 공기의 음파들의 거울들에서 자비로우심의 허락으로 비추는 모든 단어의 모든 글자만큼 평화와 축복을 주소서! 그리고 그것들만큼 우리들, 어머니들, 아버지들, 남자들, 여자들 등 모든 신앙자에게 당신의 자비로 자비를 베푸소서! 자비를 베푸는 자들 중 가장 자비로우신 분이시여! 모든 찬양이 우주 만물의 주님이신 하나님께 있나이다. 아민."

여덟 번째 말씀

아홉 번째 말씀

자비로우시고 자애로우신 하나님의 이름으로

فَسُبْحَانَ اللهِ حِينَ تُمْسُونَ وَحِينَ تُصْبِحُونَ ۞
وَلَهُ الْحَمْدُ فِى السَّمَوَاتِ وَالْأَرْضِ وَعَشِيًّا وَحِينَ
تُظْهِرُونَ ۞

"그러므로 저녁이 되고 아침이 오면 하나님을 찬양하라.
천지의 모든 것이 저녁때와 한낮에 그분을 찬미하노라"[38]

형제여! 당신은 나에게 하루 다섯 번 정해진 예배 시간에 관한 지혜에 관해 물어보았습니다. 수많은 지혜 중 오로지 한 가지에 대해서만 알려주겠습니다.

---

38) 꾸란 20장 17-18절

그렇습니다. 각각의 예배 시간은 중요한 혁명의 시작인 것처럼 광대하고 신성한 관리의 거울이며, 그 관리 안에 하나님의 종합적인 호의를 비추는 것이므로 영광스러움을 가지신 전능하신 분에게 그 시간에 더 찬미하며, 영광을 드리며, 예배 시간과 시간 사이에 누적된 무수한 은총들의 전체에 대해 감사하며 찬미하는 것을 의미하는 예배를 명령하셨습니다. 이 깊은 의미의 일부분을 이해하기 위해서 5가지 관점을 나 자신과 같이 들어볼 필요가 있습니다.

첫 번째 관점

예배의 의미는 전능하신 창조주를 찬미하며 영광을 드리며 감사하는 것입니다. 즉,

- 영광스러움에 대해 말과 몸짓으로 **"수브하날라"**라고 하며 성스러움을 인정하는 것,

- 완벽함에 대해 말과 행위로 **"알라후 아크바르"**라고 하며 영광을 드리는 것,

- 아름다움에 대해 마음과 말과 몸짓으로 "**알함두릴라**"라고 하며 감사하는 것입니다.

즉 그 말들은 찬미와 영광과 감사를 드리는 것이 예배의 씨앗과 같은 것이라는 것을 말합니다. 왜냐하면, 예배할 때의 행동과 말에서의 이 3가지 표현이 모든 곳에 있기 때문입니다. 또한 예배 후에 예배의 의미를 강화하기 위해서 이 축복받은 표현들을 33번 반복합니다. 이것은 예배의 의미를 이 축약된 요약들로 강화하는 것입니다.

두 번째 관점

경배의 의미는 다음과 같습니다.

하나님의 앞에서 종이 자신의 결점과 무능력함과 빈곤함을 보며, 완벽한 양육하심과 신성한 권능과 신의 자비 앞에서 경이로움과 사랑하는 마음으로 샤즈다[39]하는 것입니다.

즉, 양육하심의 왕국이 숭배와 복종을 원하듯이 양육하심

---

39) 샤즈다: 예배 시 머리를 땅바닥에 대고 절(부복) 하는 자세

의 신성함과 깨끗함도 다음을 원합니다. 종이 자신의 결점을 보고 용서를 바라며, 주(主)께서 그 어떤 결점도 없으시며 깨끗하심을, 또한 타락한 사람들의 그릇된 생각과는 거리가 멀며 숭고하심을, 삼라만상의 모든 결점으로부터 거리가 멀며 신성하심을 찬미와 함께 **"수브하날라"**로 공고하는 것을….

또한 양육하심의 측면에서 완벽한 권능은 다음을 원합니다. 종이 자신의 약함과 피조물들의 빈곤함을 보며 신성한 권능의 작품의 장엄함 앞에서 아름다움과 경이로움을 느끼며 **"알라후 아크바르"**라고 하면서 하나님의 위대하심을 생각하며 머리를 숙여 루크[40]를 하며 그분에게 피난하며 의탁하는 것을….

또한 양육하심의 측면에서 끝이 없는 자비의 금고는 다음을 원합니다. 종이 자신의 필요한 것들과 모든 피조물의 빈곤함과 필요한 것들을 원하며 간청하는 말로 보여주며, 주님의 호의와 은총들에 대해 감사하며 칭송함으로 **"알함두릴라"**라며 공고하는 것을….

---

40) 루크: 예배 시 허리를 굽혀 양 손바닥을 무릎 위에 놓는 자세

즉, 예배할 때의 동작들과 말들은 그 의미들을 포함합니다. 그러므로 이러한 지혜들로 인해 그분께서 정하신 것입니다.

세 번째 관점

인간은 이 거대한 세상의 축소된 예이며, 꾸란 개경장(1장, 파티하) 또한 이 가장 영광스러운 빛나는 꾸란을 대표하는 상징인 것처럼 예배 또한 모든 종류의 경배 행위들을 포함하는 빛나는 목차이며, 모든 종류의 피조물들의 다양한 경배를 가리키는 성스러운 지도입니다.

네 번째 관점

일주일이라는 시간의 초(秒), 분(分), 시(時), 일(日)들을 세는 초침들은 서로 관계를 맺고 있으며, 서로 알려주며, 서로 대체할 수 있습니다. 마찬가지로 전능하신 창조주의 거대한 시계인 이 현세의 세상의 초(秒)와 같은 밤과 낮의 변화, 또한 분(分)들을 가리키는 년(年)들, 또한 시(時)들을 가리키는 인간의 수명, 또한 일(日)들을 가리키는 이 세상의 시대(時代)[41]는 서로 관계를 맺으며, 서로 알려주며, 서로 대체할 수 있으며, 서로 기억하게 합니다.

예를 들면 파즈르(새벽 예배) 시간은 일출까지, 초봄, 인간이 엄마의 자궁에 착상하는 순간, 하늘과 땅이 창조된 6일 중의 첫째 날과 비슷하며 그것들을 상기시키며 그것들에 있는 신성하신 분의 일을 기억하게 합니다.

주흐르(정오 예배) 시간은 한여름, 젊은 시절, 지구의 수명 중 인간이 창조된 시기와 비슷하며 그것을 가리킵니다. 또한 그것들에 있는 자비의 징후를 비추는 것과 은총의 풍부함을 기억하게 합니다.

아스르(오후 예배) 시간은 가을, 노년, 또한 종말에 가까운 시기인 '행복의 시대'라 불린 마지막 예언자(그분에게 하나님의 평화가 깃들기를)의 시대와 비슷합니다. 또한 그것들에 있는 신성한 분의 일들과 가장 자비로우신 분의 호의를 기억하게 합니다.

마그립(저녁 예배) 시간은 가을의 끝자락에서의 많은 피조

---

41) 시대(時代) : 역사적으로 어떤 표준에 의하여 구분한 일정한 기간(중세 시대, 고대 시대 등)

물의 떠나감, 인간의 죽음, 세상의 종말의 시작에서의 파괴를 가리키며, 영광스러우신 분을 비추는 것을 설명하며, 인간의 등한시함의 잠으로부터 깨우며 경고합니다.

이샤(밤 예배) 시간은 암흑 세상으로서 대낮 세상의 모든 작품을 검은색 수의(壽衣)로 덮어버리는 것, 또한 겨울의 하얀색 수의로 죽은 땅의 얼굴을 덮어버리는 것, 또한 죽은 사람의 남겨진 흔적들조차 죽어 망각의 장막의 뒤로 숨겨지는 것, 또한 시험의 장소인 현세의 모든 것들이 닫히는 것 등을 기억하게 하며 영광스럽고 제압하시는 분의 영광스러운 일들을 행하심을 공고합니다.

밤의 시간은 겨울, 무덤, 중간 세상을 설명하며 인간의 영혼이 자비로우신 분의 자비를 얼마나 필요로 하는지 인간에게 상기시킵니다. 또한, 한밤중의 타핫주드(Teheccüd)[42]예배는 무덤의 밤과 중간 세상의 암흑에서 얼마나 필요로 하는 빛인지 알게 하며 경고합니다. 또한 모든 이 혁명 가운데 실제 은총을 베푸시는 전능하신 분의 끝이 없는 은총들을 기억하게 하며, 얼마큼의 감사와 칭송을 받을 만한지 공고합니다.

---

42) 타핫주드(Teheccüd)예배: 한밤중에 일어나 드리는 예배

다음 날 아침은 부활의 아침을 상기시킵니다. 그렇습니다. 이 밤의 아침과 이 겨울의 봄이 얼마나 합리적이며, 필요한 것이며, 확실한 것이듯이 부활의 아침과 중간 세상의 봄 또한 틀림없이 확실한 것입니다.

즉 이 정해진 다섯 번의 시간은 각각이 무척 중요한 혁명의 시작이며 큰 혁명임을 상기시키는 것처럼 신성하신 분의 권능의 매일의 거대한 일들을 하심을 가리킴으로써 매년, 매 세기, 매 세대는 권능의 기적과 자비의 선물임을 상기시킵니다. 즉 그 말은 본성적인 근본적 의무와 숭배의 근본과 확실한 빛인 의무 예배는 이 시간들에 가장 적절하며 가장 적합한 것입니다.

다섯 번째 관점

인간은 타고나기를 무척 약하게 태어났지만, 모든 것은 그에게 영향을 미치며 그를 슬프게 하며 고통을 줍니다. 또한 인간은 무척이나 무능력하지만, 고난들과 적들은 수도 없이 많습니다. 또한 인간은 꽤 빈곤하지만, 필요한 것들은 수도 없이 많습니다. 또한 게으르며 무능력하지만, 삶의 책임들은 무척이나 무겁습니다. 또한 인간성으로 인해 삼라만상과 관계를 맺지만, 사랑하거나 친근하게 느끼는 것들의 사라짐과 헤어짐은 계속 그를 아프게 합니다. 또한 이성은 그에게 높은 목표들과 영원한 열매들을 보여주지만, 그의 손은 짧고 생애 또한 짧으며 그의 능력은 적고 인내심은 부족합니다.

이처럼 이러한 상황에서 영혼은 **파즈르**(새벽 예배) 시간에 영광스러움을 가지신 전능하신 분, 아름다움을 가지신 자애로우신 분의 앞에서 애원하며 예배로 호소하며 자신의 상황을 알리는 것과 도움과 성공을 요청하는 것이 얼마나 필요한 것인지, 또한 다가올 날에 그에게 일어날 일들과 그에게 부담을 줄 일들과 의무들을 견디기 위해 얼마나 의지할 곳이 필요한지 확실하게 알 수 있을 것입니다.

또한 **주흐르**(정오 예배) 시간은 한낮의 완벽함, 하강하는 시점(時點), 그날의 업무들이 완성되는 시간, 일에 대한 압박감으로부터 짧게 휴식을 취하는 시간, 일시적인 이 세상의 영원하지 않고 힘든 일들이 주는 등한시함과 정신없음으로부터 영혼의 휴식이 필요한 시간, 하나님의 은총이 보이는 시간입니다.

즉 인간은 이러한 압박감으로부터 해방되며, 그 등한시함에서 벗어나, 그 의미 없고 영원하지 않은 것들로부터 한 걸음 나아가 Kayyûm-u Bâkî[43]이신 실제로 은총을 주시는 분의 앞에 양손을 포개며[44] 모든 은총들에 대해 감사하며 찬미를 드리고 도움을 청하는 것입니다. 또한 영광스러움과 위대하신 분 앞에 허리를 굽히면서[45] 자신의 무능력함을 보여주는 것입니다. 또한 불멸의 완벽하심과 비할 데 없는 아름다우심의 앞에 샤즈다[46]를 하며 경이로움과 사랑과 겸손을 공고하는 것을 의미하는 주흐르 예배(정오 예배)를 드리는 것이 얼마나 아름답고, 얼마나 좋은 것이며, 얼마나 필요한 것이며, 얼마나 적합한 것인지 이해하지 못하는 사람은 사람이 아닐 것입니다.

아스르(오후 예배) 시간은 구슬픈 가을, 노년기의 애절한 상태, 종말의 침울한 계절을 기억하게 하며 상기시킵니다. 또한 그날의 업무들이 완성되는 시간, 그날에 속한 건강, 안녕감, 이로운 임무 같은 하나님이 베푸신 은총의 거대한 양

---

43) Kayyûm-u Bâkî: 삼라만상의 존재를 유지하시는 영원하신 분
44) 양손을 포갬: 예배 시 양손을 포개고 서 있는 자세
45) 허리를 굽힘(루크): 예배 시 허리를 굽혀 양 손바닥을 무릎 위에 놓는 자세
46) 샤즈다: 예배 시 머리를 땅바닥에 대고 절(부복) 하는 자세

이 축적되는 시간입니다. 또한 거대한 태양의 일몰인 하강의 표시로 인간은 하나의 손님인 공무원이며, 모든 것은 일시적이며 변하는 것임을 공표하는 시간입니다.

영원함을 원하며 영원함을 위해 창조되었으며 호의를 열렬히 숭배하며 헤어짐으로 인해 고통을 받는 인간의 영혼이 일어나서 아스르(오후 예배) 시간에 예배를 드리기 위해 우두를 하며, Kadîm-i Bâkî[47]와 Kayyûm-u Sermedî[48]의 신성하신 분의 앞에서 간절하게 요청하며, 사라지지 않고 끝이 없는 자비의 친절함에 피난하며, 셀 수 없는 은총들에 대해 감사하고 찬미하면서 양육하시는 분의 명예 앞에 저 자세가 되어 허리를 굽히며(루쿠), 신성하신 분의 영원함에 대해 완전히 겸손하게 절하며(샤즈다), 참된 마음의 위로와 영혼의 편안함을 얻으며 장엄하신 분의 앞에서 숭배로 온몸을 둘러싸는 상태를 의미하는 아스르 예배를 드리는 것이 얼마나 숭고한 의무이며, 알맞은 일이며, 인간의 창조의 빚을 갚는 적합한 길이며, 얼마나 참된 행복을 얻는 것인지 인간이라면 알 수 있을 것입니다.

---

47) Kadîm-i Bâkî: 항상 계시는 영원하신 분
48) Kayyûm-u Sermedî: 삼라만상의 존재를 유지하시는 영원하신 분

마그립(저녁 예배) 시간은 겨울의 시작에 여름 세상과 가을 세상의 섬세하고 아름다운 피조물들과 슬픈 작별과도 같은 일몰의 시각을 상기시킵니다. 또한 인간의 죽음으로 모든 사랑하는 것들로부터 (고통을 주는 헤어짐으로) 떠나 무덤으로 들어가는 시간을 기억하게 합니다. 또한 Zelzele-i sekerat[49])과 같은 세상의 죽음으로 모든 거주자가 다른 세상으로 이주하는 것입니다. 또한 이 시험의 장소의 등불을 꺼지게 하는 시간임을 상기시키며 기억하게 합니다. 또한 사라지면서 지는 모든 사랑하는 것들에 집착한 사람들에게 강하게 경고하는 시간입니다.

이처럼 이러한 시간에 저녁 예배를 위해, 본성적으로 Cemâl-i bâkî[50]) 를 갈망하는 거울인 인간의 영혼은

- 이 대단한 일들을 실행하시고 이 거대한 세상들을 돌리시며 바꾸시는 Kadîm-i Lemyezel[51])과 Bâkî-i Lâyezâl[52])의 Arş-ı Azameti[53])를 향해, 이 일시적인 것들의 앞에서 "알

---

49) Zelzele-i sekerat: 인간이 죽는 순간 몸이 떨리듯이, 세상도 죽는 순간 진으로 떨리는 것을 의미함
50) Cemâl-i bâkî: 영원한 아름다우신 분
51) Kadîm-i Lemyezel: 시작이 없으시며 항상 계시는 영원하신 분
52) Bâkî-i Lâyezâl: 끝이 없으시며 소멸되지 않는 영원하신 분
53) Arş-ı Azameti: 삼라만상을 지배하는 거대한 통치 센터

라후 아크바르"라고 하며 그들로부터 바라는 것을 그만두며, 주인을 위한 근무를 위해 양손을 포개며 영원하시고 끊임없으신 분의 앞에 서 있으면서(끼얌)[54] **"알함두릴라"**라고 하며, 결점이 없는 완벽함과 비할 데 없는 아름다움과 끝이 없는 자비에 감사하고 칭송하며

$$\text{اِیَّاكَ نَعْبُدُ وَاِیَّاكَ نَسْتَعِیْنُ}$$

"당신만을 저희가 숭배하고,

당신에게만 저희가 도움을 청하옵니다"[55]

라고 하며 도움을 필요로 하지 않는 양육하심에, 동반자가 없는 신성하심에, 수상(首相)이 없는 왕국에 대해 숭배함을 바치며 도움을 청하는 것,

- 또한 끝이 없는 웅장함에, 무한한 권능에, 무능력함이 없는 명예의 앞에서 루크[56]를 하며 모든 삼라만상과 함께 약함과 무능력함과 빈곤함과 천함을 보여줌으로

---

54) 끼얌: 예배 시 서 있는 자세에 있는 것
55) 꾸란1장 5절
56) 루크: 예배 시 허리를 굽혀 양 손바닥을 무릎 위에 놓는 자세

$$\text{سُبْحَانَ رَبِّيَ الْعَظِيمِ}$$

"가장 위엄하신 주님께서는 그 어떤 결점도 없으십니다"[57]

라고 하며 위대한 주님을 찬미하는 것,

- 또한 소멸하지 않는 분의 아름다움, 변하지 않는 성스러운 속성들, 바뀌지 않는 영원한 완벽함의 앞에서 샤즈다를 하며 경이로움과 겸손함 가운데 하나님 이외에 모든 것을 포기하며 그분을 사랑하며 숭배함을 공고하며 모든 일시적인 것들 대신에 영원한 아름다우신 분, 영원한 자비로우신 분을 찾으며

$$\text{سُبْحَانَ رَبِّيَ الْأَعْلَى}$$

"가장 높으신 분이신 주님께서는 그 어떤 결점도 없으십니다"[58]

라며 소멸하는 것으로부터 거리가 멀며 결점으로부터 예외이신 가장 높으신 주님에 대한 성스러움을 인정하는 것,

---

57) 수브하나 랍비얄 아짐: 예배 시 허리를 굽혀 양 손바닥을 무릎 위에 놓는 자세(루크)에서 3회 암송함
58) 수브하나 랍비얄 아을라: 예배 시 절하는 자세(샤즈다) 시 3회 암송함

- 그런 후 앉아서 모든 피조물의 Tahiyyât-ı mübare-ke[59]와 Salâvât-ı Tayyibe[60]를 그 시작이 없으시며 항상 계시는 아름다우신 분과 끝이 없으며 소멸하지 않는 위대하신 분에게 자신을 선물로 바치며, 사도 무함마드(그분에게 하나님의 평화가 깃들기를)에게 평화를 빌며 충성을 새로이 다짐하고 명령들에 복종함을 보여주며, 신앙을 새롭게 다짐하고 빛나게 하기 위해 이 삼라만상의 궁전의 지혜로운 질서를 증언하며 영광스럽고 예술가이신 분이 한 분이심을 증언하는 것,

- 또한 양육하시는 분의 왕국의 공표자, 그분이 만족하신 것들의 전달자, 삼라만상이라는 책의 구절들의 통역자인 아랍인 무함마드(그분에게 하나님의 평화가 깃들기를)의 사도직을 증언하는 것을 의미하는 마그립 예배를 드리는 것이 얼마나 섬세하며 순수한 의무인지, 얼마나 높고 달콤한 일인지, 얼마나 좋으며 아름다운 숭배인지, 얼마나 중요한 일인지, 또한 이 일시적인 게스트하우스에서의 끝

---

59) Tahiyyât-ı mübareke: 자신의 몸짓으로 자신을 창조하신 분을 칭송하는 것. 예를 들어, 어떤 장인이 놀라운 기계를 제작했다면 그 기계의 작동을 본 사람들은 손뼉을 치며 축하하듯이 그 기계 자체도 그것을 만든 장인이 원하는 대로 작동함으로써 그 장인을 몸짓으로 손뼉 친다.
60) Salâvât-ı Tayyibe: 그분의 작품들의 경이로움을 말로 표현하는 것

나지 않는 대화이며 영원한 행복인지 모르는 사람을 어떻게 사람이라고 할 수 있습니까?

(밤 예배) 시간은 낮의 지평선에 남아있는 흔적들조차 사라지는 것이며 밤 세상이 지구를 덮는 것입니다. مُقَلِّبُ الَّيْلِ وَ النَّهَارِ (밤과 낮을 바꾸시는 분)인 '영광스러움을 가지신 전능하신 분'이 그 하얀색 페이지를 이 검은색 페이지로 바꾸시는 것에서 신성하신 분의 관리하심과, 여름의 장식된 녹색 페이지를 겨울의 추운 하얀색 페이지로 바꾸시는 것에서 مُسَخِّرُ الشَّمْسِ وَ الْقَمَرِ (태양과 달을 복종시키시는 분)인 '완벽함을 가지신 현명하신 분'의 신성한 일들을 상기시킵니다.

또한 시간의 경과로 무덤에 있는 사람들의 남은 흔적들조차 이 세상으로부터 단절됨으로써 완전히 다른 세상으로 이주하는 것과 관련된 '죽음과 삶을 창조하신 분'의 신성하신 분의 일을 기억하게 합니다.

또한 이 좁고 일시적이며 하찮은 세상이 완전히 파괴되고 완전히 Sekerâtı[61]로 죽어, 넓고 영원하며 거대한 내세의 세

---

61) Sekerâtı: 아직 생명이 끊어지기 전으로 완전히 의식을 잃어버린 상태

상으로 펼쳐질 때 하늘과 땅의 창조주의 장엄한 운영들과 그분의 아름다움의 비춤의 징후들을 상기시키며 기억하게 하는 시간입니다.

또한 이 삼라만상의 주인과 실제로 운영하시는 분, 실제로 숭배와 사랑을 받으시는 분은 다음과 같은 분이 될 수 있는데, 밤과 낮을, 겨울과 여름을, 현세와 내세를 책장(冊張)을 넘기는 것처럼 쉽게 바꾸시며 쓰시고 지우시며 수정하십니다. 즉, 이 모든 것들을 지배하시는 절대적으로 전능하신 분임을 증명하는 상황입니다.

즉 끝이 없는 무능력함과 약함, 또한 끝이 없는 빈곤함과 필요함, 또한 끝이 없는 미래의 암흑 속에 떨어지며, 또한 끝이 없는 사건들로 이리 치이고 저리 치이는 인간의 영혼이 이런 의미를 내포하고 있는 이샤(밤 예배) 시간에

- 예언자 아브라함(그분에게 하나님의 평화가 깃들기를)처럼

"나는 사라지는 것을 좋아하지 아니함이라"[62]

---

62) 꾸란 6장 76절

라고 하며 Mâbûd-u Lemyezel[63], Mahbûb-u Lây-ezâlin[64]
의 앞에서 예배로 피난하며, 이 일시적인 세상과 일시적
인 삶과 암흑 같은 세상과 칠흑 같은 미래에서 영원하며
영구적이신 분께 간절히 애원하며, 잠깐의 영원한 대화와
잠깐의 영원한 삶을 통해 자신의 세상에 빛을 흩뿌릴, 미
래를 밝게 할, 피조물들과 사랑하는 사람들과의 헤어짐과
사라짐으로부터 생긴 상처들에 연고를 발라 줄 자비로우
시고 자애로우신 분의 자비의 호의와 올바른 길로의 지도
의 빛을 보고 원하는 것,

- 또한 일시적으로 그를 잊어버리고 숨겨져 있는 세상을 그
  또한 잊으며 마음으로 울면서 고민들을 자비로우신 분 앞
  에 쏟아내며, 혹시라도 죽음과 비슷한 잠들기 전에 마지
  막 숭배의 의무를 행하고, 하루의 행위를 기록하는 노트
  를 아름답게 마무리하기 위해 예배를 드리기 위해서 끼
  얌[65]하는 것,

- 즉, (일시적인 모든 사랑했던 것들 대신) 영원한 숭배와

---

[63] Mâbûd-u Lemyezel: 시작이 없으시며 항상 계시는 숭배를 받으시는 분
[64] Mahbûb-u Lâyezâlin: 끝이 없으시며 소멸되지 않으시는 사랑받으시
는 분
[65] 끼얌: 예배 시 서 있는 자세에 있는 것

사랑을 받으시는 분, (구걸했던 모든 무능력한 존재들 대신) 관대하시며 전능하신 분, (두려움에 떨었던 모든 해로운 것들의 나쁨으로부터 구원되기 위해서) 자애로우신 진정한 보호자의 앞에 나가는 것,

- 또한 꾸란 개경장(1장, 파티하)으로 시작하는 것, 즉 그 어떤 것에도 효력을 미치지 못하며 가치도 없으며 결점이 있으며 빈곤한 피조물들에 대해 칭송하며 감사함을 느끼는 것 대신에 절대적으로 성숙하신 분과 절대적으로 스스로 충분하신 분과 자애로우시며 관대하신 분인 세상들의 랍브(Rab)[66]를 칭송하고 찬미하는 것,

- 또한

اِيَّاكَ نَعْبُدُ ۞

"당신만을 저희가 숭배하고"[67]

라고 하며 높아지는 것, 즉 작고, 사소하고, 혼자임에도 불구하고 시작과 끝이 없으신 영원하신 왕인

---

66) 아랍어 랍브(Rab): 만물을 창조하시고 양육하시는 창조주, 부양자라는 뜻
67) 꾸란 1장 5절

مَالِكِ يَوْمِ الدِّينِ

"심판의 날의 주(主)"[68]

와 관계를 맺음으로 이 삼라만상의 총애를 받는 손님이며 중요한 임무를 수행하는 반열에 오르게 되며,

اِيَّاكَ نَعْبُدُ وَ اِيَّاكَ نَسْتَعِينُ ۞

"당신만을 저희가 숭배하고,

당신에게만 저희가 도움을 청하옵니다"[69]

라고 함으로 모든 피조물의 이름으로, 삼라만상의 거대한 공동체와 엄청나게 큰 규모의 단체들의 경배들과 도움을 청하는 것을 그분에게 바치는 것,

- 또한

اِهْدِنَا الصِّرَاطَ الْمُسْتَقِيمَ ۞

"저희를 올바른 길로 인도하여 주소서"[70]

라고 함으로 미래의 암흑 속에서 영원한 행복으로 가는 빛

---

68) 꾸란 1장 4절
69) 꾸란 1장 5절
70) 꾸란 1장 6절

아홉 번째 말씀

나는 길인 올바른 길로 인도하심을 바라는 것,

- 또한 잠자고 있는 식물들과 동물들과 같이 숨어 있는 태양들과 깨어 있는 별들도 각각 군인처럼 그분의 명령에 복종하고 있는 그것들을 게스트 하우스인 이 세상에서의 각각의 전등이라 생각하며 영광스러우신 분의 웅장함 앞에서 "알라후 아크바르"라고 하며 루크[71] 하는 것,

- 또한 모든 피조물의 웅장한 샤즈다를 생각하며, 즉 이 밤에 자고 있는 피조물들처럼, 매년, 매 세기의 다양한 피조물들의 다양한 종들 (게다가 지구와 삼라만상까지) 각각이 질서 정연한 군대나 명령에 복종하는 군인처럼 이 현세에서 숭배의 의무로부터

$$فَيَكُونُ كُنْ$$

"실로 그분께서 무엇에 뜻을 두시고
있으라 명령하시면 그대로 되니라"[72]

라는 명령으로 제대될 때, 즉 보이지 않는 세상으로 보내실 때 모든 것이 완벽한 질서로 사라지면서 샤즈다 하

---

71) 루크: 예배 시 허리를 굽혀 양 손바닥을 무릎 위에 놓는 자세
72) 꾸란 36장 82절

는 것을 보고 "알라후 아크바르"라고 하며 샤즈다[73] 하는 것,

- 또한 "실로 그분께서 무엇에 뜻을 두시고 있으라 명령하시면 그대로 되니라" 라는 명령을 통해서 생명을 주시고 깨우시며 봄에 일부는 똑같이, 일부는 비슷하게 부활하며, 일어나면서, 주인의 명령을 기다리는 것과 같이, 인간 또한 그들처럼 그 완벽함을 가지신 자비로우신 분, 아름다움을 가지신 자애로우신 분의 앞에서 놀라움으로 채워진 사랑과, 영원함으로 채워진 겸손함과, 명예로움으로 채워진 공손한 태도로 "알라후 아크바르"라고 하며 샤즈다 하는 것,

- 즉 한 가지 종류의 미라즈 승천[74]과 같은 이샤(밤 예배) 예배를 드리는 것이 얼마만큼 좋은 것이며, 얼마만큼 훌륭한 것이며, 얼마만큼 기분 좋은 것이며, 얼마만큼 지위가 높은 것이며, 얼마만큼 명예로운 것이고 달콤한 것이며, 얼마만큼 이성적이며, 적절한 의무이며, 근무이며, 숭배이며, 중요한 진리인지 당연히 알 수 있을 것입니다.

---

73) 샤즈다: 예배 시 머리를 땅바닥에 대고 절(부복) 하는 자세
74) 미라즈 승천: 어느날 밤 예언자께서 메카 하람성원에서 예루살렘에 있는 성원으로 가셔서 그곳에서 하늘로 승천하심

즉 이 다섯 번의 시간 각각은 중요한 혁명의 표시이며 신성하신 분의 거대한 일들의 표시와 신의 종합적인 은총들의 흔적이므로 빛과 책임인 의무 예배를 그 정해진 시간들에 드리는 것은 완전한 지혜인 것입니다.

سُبْحَانَكَ لاَ عِلْمَ لَنَا اِلاَّ مَا عَلَّمْتَنَا اِنَّكَ اَنْتَ الْعَلِيمُ الْحَكِيمُ ۞

"하나님이여 영광을 받으소서. 저희는 당신이 가르쳐준 것 외에는 아무것도 모르나니 실로 당신은 아심과 지혜로 충만하심이라"[75]

---

75) 꾸란 2장 32절

اَللّٰهُمَّ صَلِّ وَسَلِّمْ عَلٰى مَنْ اَرْسَلْتَهُ مُعَلِّمًا لِعِبَادِكَ لِيُعَلِّمَهُمْ كَيْفِيَّةَ
مَعْرِفَتِكَ وَالْعُبُودِيَّةِ لَكَ وَمُعَرِّفًا لِكُنُوزِ اَسْمَائِكَ وَتُرْجُمَانًا لِاٰيَاتِ
كِتَابِ كَائِنَاتِكَ وَمِرْآةً بِعُبُودِيَّتِهِ لِجَمَالِ رُبُوبِيَّتِكَ وَعَلٰى اٰلِهِ وَصَحْبِهِ
اَجْمَعِينَ وَارْحَمْنَا وَارْحَمِ الْمُؤْمِنِينَ وَالْمُؤْمِنَاتِ
اٰمِينَ بِرَحْمَتِكَ يَا اَرْحَمَ الرَّاحِمِينَ

"하나님!

당신의 종들에게 당신이 어떤 분임을 알게 하시며

당신에게 어떻게 종이 될 것인지 가르치시며

당신의 이름들의 보물 금고들을 설명하기 위한

삼라만상이라는 책의 구절들의 통역자이시며

당신의 종이 되므로 당신의 양육하심의 아름다움의 거울로써 보내신 그분과 그의 모든 가족과 사랑하는 사람들에게 평화를 주소서.

우리들과 남성, 여성 모든 신앙인에게 자비를 베푸소서.

오 자비로우신 자들 중 가장 자비로우신 분이시여! 아민."

스물한 번째 말씀

이 말씀은 두 가지 장으로 구성되어 있습니다.[76)]

첫 번째 장

بِسْمِ اللهِ الرَّحْمٰنِ الرَّحِيْمِ

자비로우시고 자애로우신 하나님의 이름으로

"믿는 자들에게 예배는 정해진 시간에 의무로써 쓰여 있다"[77)]

어느 날 나이가 들고 건장하며 어느 정도 지위가 있는 사람이 나에게 말했습니다.

---

76) 원본에는 총 두 가지 장으로 구성되어있지만 이곳에서는 그 중 첫 번째 장만 언급함
77) 꾸란 4장 103절

"예배는 좋은 것이네. 그럼에도 매일 매일 다섯 번 드리는 것이 많다고 느끼며 끝나지 않으니 지친다네." 그 사람이 이렇게 말하고 나서 오랜 시간이 지난 후 나 자신의 말을 들어 보았습니다. 들어보니 나 또한 같은 말을 하고 있었습니다. 그러고 나서 그를 보니, 게으른 귀로 사탄으로부터 똑같은 말을 듣고 있었습니다. 그때야 알게 되었습니다. 그 사람은 좋지 않은 모든 것들을 원하는 자아들을 대표하며 말하고 있는 것 같았습니다. 아니면 말하게 하고 있었습니다.

그때 나 또한 이렇게 말했습니다.
"나의 자아는 좋지 않은 것들을 원합니다. 그렇다면 나의 자아를 훈련하지 못하고서 다른 이를 훈련할 수는 없을 것입니다. 그러니 나의 자아부터 시작하겠습니다."

자아여! 본인의 무지함을 모르는 가운데, 게으름의 침상에서, 등한시함의 잠에서 당신이 말했던 그 말에 대해 다섯 가지 경고를 들어보십시오.

첫 번째 경고

불행한 나의 자아여! 과연 당신의 삶은 영원합니까? 아니면 내년까지 아니 내일까지 살 수 있을 것이라는 확실한 증명서가 있습니까?

당신을 지치게 하는 것은 영원히 살 것이라는 상상 때문입니다. 그와 더불어 즐기기 위해서 이 세상에서 영원히 살 것처럼 투정을 부립니다. 당신의 삶은 매우 짧으며 아무 효용도 없이 지나간다는 것을 안다면, 당연히 24시간 중 1시간을 진정한 영원한 삶의 행복의 수단이 될 좋고 달콤하고 편하며 은총인 의무를 위해서 소비하게 될 것입니다. 그리므로 당신을 지치게 하기는커녕 오히려 진지하며 간절한 바람과 기분 좋은 기쁨을 느끼도록 흥분시키는 원인이 될 것입니다.

두 번째 경고

식탐이 많은 나의 자아여! 매일 매일 밥을 먹고, 물을 마시고, 공기를 들이마시는 것으로 인해 지친 적이 있습니까? 지친 적이 없을 것입니다. 왜냐하면 끊임없이 필요하기 때문에 지치는 것이 아니라 오히려 즐기기 때문입니다. 그렇다면 나의 몸이라는 집에 당신[78] 친구들인 내 마음의 양식, 내 영혼의 생명의 물, 내 Lâtife-i Rabbâniye[79] 의 상쾌한 공기를 끌어당기는 예배는 당신을 지치게 하지 말아야 합니다.

그렇습니다. 끝이 없는 상심(傷心)과 고통에 빠지고 시달리며 끝이 없는 기쁨과 희망에 사로잡히고 매료되는 마음의 양식과 힘은 모든 것에 전능하시고 관대하시며 자애로우신 분의 문을 간절하게 요청하며 두드려야 획득할 수 있을 것입니다.

그렇습니다. 이 일시적인 세상에서 완전하게 빨리 헤어짐으로 인한 비명을 지르는 인간은 대부분의 존재하는 것들과 관계가 있는 영혼의 생명수를 모든 것들로부터 영원한 숭배를 받으시는 분, 영원한 사랑을 받으시는 분의 자비의 샘으로 향하게 하는 예배를 통해 마실 수 있을 것입니다.

그렇습니다. 타고나기를 영원한 것을 원하는, 또한 영원함을 위해 창조된, 또한 과거와 미래의 영원하신 분의 거울인,

---

[78] 자아를 일컫는다.
[79] Lâtife-i Rabbâniye: 인간이 가진 섬세한 감정들 중 하나이며, 삼라만상에 있는 그분의 양육하심을 느끼며 그것을 통하여 숨을 쉴 수 있다.

또한 끝이 없는 미묘하고 섬세한 지각을 가진 인간의 비밀, 즉 그 빛나는 Lâtife-i Rabbâniye는 이 슬프며, 참담하며, 괴로움을 주며, 일시적이며, 어두컴컴하며, 숨이 막힐 것 같은 이 세상의 상황 가운데 당연히 휴식이 필요하며, 오로지 예배의 창문을 통하여 숨 쉴 수 있을 것입니다.

세 번째 경고

인내하지 못하는 나의 자아여! 과거에 행했던 경배 시의 부담들과 예배 시의 힘듦과 고난으로 인한 고생을 오늘 생각하며 고통을 받는 것과 미래에 행할 경배의 의무들과 예배를 드리는 것과 고난으로 인한 고통을 오늘 상상하며 인내하지 못하는 것이 과연 이성적인 행동입니까?

이렇게 인내하지 못하는 것은 다음처럼 바보 같은 사령관과 같습니다. 적의 오른쪽 힘이 사령관의 오른쪽에 있는 힘과 합쳐져 (같은 편이 되어버림) 그 사령관에게 새로운 힘이 생겼음에도 불구하고, 그 사령관은 자기의 중요한 힘을 자신의 오른쪽에 보내어 결국엔 중심부가 약해지게 됩니다. 왼쪽에 적군이 없음에도 불구하고, 적이 오기도 전에 그쪽으로 강력한 힘을 보내어 '발사'라고 명령을 보내며, 중심부의 힘을 완전히 약하게 만들어 버립니다. 적들은 이를 눈치채고 중심부를 공격하게 되며, 이로써 혼란스럽게 됩니다.

그렇습니다. 이와 비슷합니다. 왜냐하면 과거의 고생들은 오늘의 자비로 바뀌었기 때문입니다. 고통은 지나갔으며, 기쁨만이 남았습니다. 고생은 호의로 바뀌었으며 어려움은 보상으로 바뀌었습니다. 그렇다면 그것 때문에 지칠 것이 아니라 오히려 새로운 열망, 신선한 즐거움, 진지한 노력을 계속하는 것이 필요합니다. 미래는 아직 오지 않았습니다. 그렇다면 지금부터 생각하면서 지치고 에너지를 낭비하는 것은 그때 있을 배고픔과 갈증을 오늘부터 생각하며 울고불고 소리치는 것처럼 바보 같은 짓입니다.

진리가 그렇다면, 이성이 있다면, 경배와 관련하여 오로지 오늘만 생각하세요. 또한 "그것에 관한 한 시간의 급료는 매우 많으며, 부담은 아주 적으며, 좋고 즐겁고 명예로운 일에 쓰고 있다."라고 하세요. 그 순간 당신의 쓰디쓴 지침은 달콤한 노력으로 바뀌게 될 것입니다.

이처럼 인내하지 못하는 나의 자아여! 당신에게는 3가지 인내에 관한 의무가 있습니다.

첫 번째는 복종하는 것에 대한 인내입니다.
두 번째는 죄에 대한 인내입니다.
세 번째는 고난에 대한 인내입니다.

이성이 있다면 이 세 번째 경고의 비유적인 이야기에서 보이는 진리를 안내자로 삼고 용감하게 '인내를 주시는 분'이라고 말하며 세 가지 인내를 짊어지세요. 전능하신 창조주께서 당신에게 준 인내할 수 있는 힘을 잘못된 곳에 낭비하지 않는다면, 모든 어려움과 모든 고난에 충분합니다. 그러므로 그 힘으로 견디세요.

네 번째 경고

바보 같은 나의 자아여! 과연 이 숭배의 의무가 아무런 결과가 없는 것입니까? 보상이 적어서 당신을 지치게 하는 것입니까?

어떤 사람이 당신에게 아주 적은 돈[80]을 주거나 당신을 위협한다면 저녁까지 일하게 할 수 있을 것이며 지치지 않고 일할 것입니다. 이 세상이라는 게스트 하우스에서 무능력하고 빈곤한 마음의 양식과 풍요로움이 될, 또한 분명히 당신의 거주지인 무덤에서 양식과 빛이 될, 또한 법정인 부활의 장에서의 증명 서류와 무죄 판결이 될, 또한 원하든 원하지 않든 건너게 될 스라트 다리[81]에서의 빛과 부라끄(Burak)[82]가 될 예배가 아무런 결과도 없는 것이며, 그 보상이 적단 말입니까?

어떤 사람이 당신에게 어느 정도의 값어치가 있는 선물을 주겠다고 약속을 한다면 당신을 100일 동안 일을 시킬 수 있을 것입니다. 당신은 약속을 어길 수 있는 그 사람을 신뢰하며, 지치지 않고 일을 할 것입니다. 그렇다면 약속을 어길 가능성이 전혀 없으신 분께서 천국과 같은 보상과 영원한 행복과 같은 선물을 당신에게 약속하심에도 불구하고 (아주 짧은 기간 동안, 아주 좋은 의무로 당신에게 일을 시키신다면) 당

---

80) 하나님께서 창조하신 거대한 삼라만상에 비하면 우리가 일하고 받는 보상은 아주 적다는 의미(원본에는 없지만 독자의 이해를 돕기위해 추가됨)
81) 쓰라트 다리: 천국으로 가기 위하여 누구나 통과해야 하는 지옥 위에 있는 다리
82) 부라끄(Burak): 천국으로 가는 특별한 이동수단인 말

신이 수행하지 않거나 또는 마지못해서 하는 사람처럼 또는 지치며 건성건성 하는 태도로 그의 약속에 대해 비난하거나 그의 선물을 가볍게 여긴다면, 호된 훈계를 듣거나 강한 벌을 받을 만하리라는 것을 생각하지 않는단 말입니까? 현세에서 감옥의 두려움 때문에 가장 힘든 일들을 지치지 않고 하면서, 지옥과 같은 영원한 감옥에 대한 두려움을 가장 가볍게 하며 가장 섬세한 임무를 행하는 것을 위해 노력하지 않는단 말입니까?

다섯 번째 경고

현세에 집착하는 나의 자아여! 혹시 경배에서의 나태함과 예배에서의 결점이 현세의 일들로 인해 바빠서 그런 것입니까? 아니면 생계에 대한 고민으로 인해 바빠서 시간을 낼 수 없기 때문입니까? 혹시 오로지 이 현세만을 위해서 창조되었다고 생각해서 모든 시간을 그것을 위해서 소비하는 것입니까?

당신은 능력의 관점에서 모든 동물 중에 가장 높고, 이 현세의 삶에 필요한 것들을 획득하는 능력의 관점에서 참새만

큼도 못 미친다는 것을 알고 있을 것입니다. 이러한 사실을 통해 왜 알지 못합니까? 당신의 근본적인 의무는 동물처럼 애쓰는 것이 아니라 오히려 진정한 인간처럼 진정하고 영원한 삶을 위해 노력하는 것임을….

더불어, 현세의 일이라 칭한 것들 대부분은 당신과 관계없으며 쓸데없이 간섭하거나 혼동된 의미 없는 일들입니다. 가장 필요한 것을 그만두고 (마치 수천 년 삶이 있는 것처럼) 가장 쓸데없는 정보들로 시간을 보내고 있습니다. 예를 들면 "토성 주변에 있는 고리가 어떻게 생겼나?" 또는 "미국에 닭이 몇 마리인가?" 등과 같은 가치 없는 것들로 가치 있는 시간을 보내버리고 있습니다. 천문학 지식과 통계학 정보들로 지식을 넓히고 있습니다!

만일 "나를 예배와 경배로부터 막고 나태하게 하는 것은 그렇게 쓸데없는 것들이 아니다. 오히려 생계를 위해 꼭 필요한 일들이다."라고 한다면, 나 또한 당신에게 다음과 같이 말할 것입니다. 만일 당신이 하루에 만 원을 받고 일하는데 누군가 당신에게 와서 말하길, "이리 와서 10분 동안 이곳을 파게나. 백만 원의 가치가 있는 눈부신 에메랄드를 찾을 수 있을 것이라네."라고 한다면, 당신이 그에게 "아니, 갈 수 없네. 왜냐하면 하루에 받는 임금에서 천 원이 삭감되어 생계비가 줄어들 것이라네."라고 한다면, 얼마나 바보 같은 핑계인지 당연히 알 것입니다.

이와 마찬가지로 당신은 이 정원에서 생계비를 벌기 위해 일하고 있습니다. 만일 의무 예배를 그만둔다면, 모든 당신의 노력 열매는 오직 이 현세와 하찮으며 비생산적인 생계로만 제한될 것입니다. 하지만 만일 당신이 휴식과 쉬는 시간을 영혼의 휴식과 마음이 숨을 쉬게 하는 예배에 소비한다면, 그 순간 현세의 풍부한 생계비와 함께 당신의 내세의 생계비와 비축 식량의 중요한 공급원이 될 두 가지 정신적인 보물을 찾게 될 것입니다.

첫 번째 보물: 모든 정원[83)]에 당신이 키운 모든 식물과 모든 나무의 (꽃이든, 과일이든) 찬미와 찬양들로부터 (좋은 의도로) 배당을 받게 됩니다.

두 번째 보물: 이 정원에서 생산된 농산물들을 누가 먹든지 간에 (동물이든, 사람이든, 염소든, 파리든, 고객이든,

---

83) 이 글은 정원에서 어떤 이에게 한 수업이므로 이러한 방식으로 설명하였습니다.

도둑이든) 당신에게 희사와 같이 됩니다.

단 이러한 조건에서: 실제로 양식을 주시는 분의 이름으로 그리고 그분의 허락 범위에서 활용하며 또한 그분의 재산을 그분의 창조물들에 전해주며 배포하는 공무원의 관점으로 자신을 본다면….

그러므로 보십시오. 예배를 포기하는 사람이 얼마나 큰 손해를 보는 것인지, 얼마나 중요한 재산을 잃는 것인지. 또한 일에 아주 큰 열정을 북돋우면서 또한 일에 큰 정신적인 힘을 확보해 주는 위의 두 가지 결과(보물)를 잃게 되며 파산하게 될 것입니다. 게다가 더욱이 늙어 갈수록 정원 일에 지치게 되며 싫증이 나게 될 것입니다. "나랑 뭔 상관이야? 어차피 이 세상에서 떠날 건데 왜 이렇게 고생을 해야 해?"라고 하면서 게을러지게 될 것입니다. 하지만 예배를 드리는 사람은 "나는 경배와 함께 합법적인 일을 더 많이 할 거야. 그래야만 나의 무덤에 더 많은 빛을 보낼 수 있으며 내세에서 더 많은 양식을 확보할 수 있을 거야."라고 합니다.

결론: 자아여! 어제는 당신의 손에서 이미 떠났으며, 내일이 당신의 것이라는 증명서가 당신의 손에 없다는 것을,

그렇다면 당신의 실제 삶은 바로 지금 있는 오늘임을 아십시오. 최소한 하루 중 한 시간은 (여유 자금처럼) 실제 미래를 위해 마련된 내세의 금고인 성원이나 예배 카펫에 던지십시오.[84]

또한 아십시오. 매일의 새로운 날은 본인에게 또한 모두에게 새로운 세상의 문입니다. 만일 예배를 드리지 않는다면, 당신의 그 날의 세상은 암흑과 비참한 상태로 지나가며, 당신에 대해 이미지 세상에서 반대편에 서서 증언할 것입니다. 왜냐하면 각자에게 매일 이 세상에서 특별한 세상이 있습니다.

또한 그 세상의 상태는 그 사람의 마음과 행동에 의해 좌우됩니다. 예를 들면 거울에서 보이는 화려한 궁전은 거울의 색에 의해 좌우됩니다. 즉 검은색이면 검은색으로 보이며, 빨간색이면 빨간색으로 보입니다. 또한 거울의 특성에 의해 좌우됩니다. 즉 그 거울의 표면이 평평하다면 궁전을 아름답게 보여주며, 평평하지 않다면 아름답지 않게 보여줍니다. 가장 부드러운 것을 거칠게 보여주는 것처럼, 당신 또한 마음으로, 이성으로, 행동으로, 바램으로 자신의 세상의 모양

---

84) 저금통에 동전을 던지듯이

을 바꾸는 것입니다. 당신의 편에서 또는 반대편에서 증언하게 할 수 있습니다. 만일 예배를 드린다면 (그 예배로 그 세상의 영광스러운 창조주께 향한다면) 갑자기 당신을 향한 세상은 빛나게 될 것입니다. 예배가 전등이 된 것처럼 또한 예배에 대한 의도가 그 스위치를 만진 것처럼 그 세상의 암흑이 흩어지게 되며 이 세상의 혼돈 속의 혼란스러운 비참함 속에 있는 변화들, 움직임들, 지혜로운 질서와 의미 있는 권능의 집필임을 보여주게 됩니다.

﴿ اَللّٰهُ نُورُ السَّمٰوَاتِ وَالْاَرْضِ ﴾

"하나님은 하늘과 땅의 빛이라"[85)]

빛으로 가득 찬 이 꾸란 구절로부터 빛이 당신의 마음에 퍼지게 됩니다. 당신의 그 날의 세상은 그 빛이 비침으로 인해 밝아지며 당신의 편에서 증언하게 합니다.

주의하십시오. 이렇게 말하지 마십시오. "내가 드리는 예배와 여기서 설명된 이상적인 예배의 진리가 전혀 닮지 않다." 왜냐하면 대추야자 씨앗은 (대추야자 나무처럼) 자기

---

85) 꾸란 24장 35절

자신의 나무를 묘사합니다. 오로지 핵심과 세세한 것들만 차이가 있는 것일 뿐, 당신과 나와 같은 평범한 사람들의 예배는 (느끼지 못한다고 하더라도) 높은 성인들의 예배처럼 그 예배의 빛으로부터 어느 정도 느끼는 것이 있습니다. (당신의 이성이 전혀 파악하지 못해도) 이 진리에는 어떤 비밀이 있습니다.

그러나 수준에 따라 성장과 깨달음은 각각 다릅니다. 대추야자 씨앗부터 완벽한 대추야자 나무까지 얼마나 많은 단계가 있듯이, 예배의 수준 또한 더 많은 단계가 있습니다. 그러나 모든 수준에서도 그 빛나는 진리의 본질이 있습니다.

اَللّٰهُمَّ صَلِّ وَسَلِّمْ عَلَى مَنْ قَالَ ﴿ اَلصَّلٰوةُ عِمَادُ الدِّينِ ﴾ وَعَلَى اٰلِهِ وَصَحْبِهِ اَجْمَعِينَ

"하나님! '예배는 종교의 기둥이다' [86] 라고 하신 분과 그분의 모든 가족과 사랑하는 이에게 평화를 베푸소서."

---

86) 하디스: 티르미지가 전함, 이만, 8

등한시하는 자에 대한
경고와 교훈[87]

بِسْمِ اللهِ الرَّحْمٰنِ الرَّحِيْمِ

자비로우시고 자애로우신 하나님의 이름으로

"이 세상은 단지 기만의 속세에 불과하니라"[88]

등한시함에 빠져 이 삶을 달콤하게 보며 내세를 잊고 현세를 원하는 불행한 나의 자아여! 무엇과 닮았는지 아십니까? 바로 타조! 사냥꾼을 보지만 날지도 못하고, 머리를 모래에 집어넣으면 사냥꾼이 못 보겠지 라고 생각하는…. 큰 몸뚱아리가 밖에 나와 있어 사냥꾼은 그를 보지만 모래 속에서 눈을

---

87) 리살레이누르 전집 중 14번째 말씀 중 끝맺는 말(14, Söz, Hatime)
88) 꾸란 3장 185절

감고 있어 사냥꾼을 보지 못하는….

나의 자아여! 오로지 현세만 생각하는 것이 존경스러운 맛을 비통한 고통으로 어떻게 바꾸는지 이 비유적인 이야기를 보십시오.

예를 들어 이 시골(튀르키예 바를라(Barla)라는 지역)에 두 사람이 있다고 칩시다. 첫 번째 사람의 친구들 100명 중 99명은 이스탄불로 떠나 그곳에서 잘살고 있으며 딱 한 사람만 자신과 이곳에서 살고 있지만 자신 또한 그곳으로 갈 것입니다. 그래서 그는 이스탄불을 갈망하며 그곳을 생각하며 친구들과 만나기를 원합니다. 언제든지 그에게 "그곳으로 가"라고 한다면 행복해하며 웃으면서 그곳으로 갑니다.

두 번째 사람의 경우 친구들 100명 중 99명은 이곳에서 떠났으며 그들 중 일부는 사라졌습니다. 일부는 보지도 못하고 보이지도 않는 곳으로 파묻혀 비참하게 떠났다고 생각합니다. 그 불쌍한 사람은, 그들 모두를 대신해 단 한 명의 손님으로부터 친밀감을 느끼며 위로를 받기를 원합니다. 그를 통해 그 비통한 헤어짐의 고통을 가리고 싶어 합니다.

자아여! 하나님께서 사랑하시는 분으로부터 비롯해 모든 친구는 무덤 저 너머에 있으며 이곳에 남아있는 한두 명의 사람들도 그곳으로 가고 있습니다. 그러니 죽음으로부터 겁내며 무덤으로부터 무서워하며 외면하지 마십시오. 대담하게 무덤을 보고 들어보십시오! 무엇이 들립니까? 용감하게 죽음의 얼굴에 대고 웃으며 보십시오! 죽음이 무엇을 원합니까? 절대로 등한시하는 자가 되어 그 두 번째 사람과 닮지 마십시오.

나의 자아여! "이 시대는 달라졌으며 모두 이 현세에 빠져 삶을 숭배하며 생계비에 대한 걱정으로 정신이 없다."라고 하지 마십시오. 왜냐하면 죽음은 변하지 않으며 헤어짐이 영원함으로 바뀌어 변하지 않으며, 인간의 무능력함과 빈곤함은 바뀌지 않고 더 증가하며, 인류의 여정은 끊기지 않고 더 빨라지기 때문입니다.

또한 "나만 그래?"라고 하지 마십시오. 왜냐하면 모두는 당신에게 오로지 무덤의 문까지의 친구일 뿐입니다. 그들과 고난을 함께 한다며 받는 위로는 무덤의 저 건너편에서는 쓸모가 없습니다.

또한 자신이 목적이 없는 존재라고 착각하지 마십시오. 이 세상이라는 게스트하우스를 지혜의 눈으로 본다면 그 어떤 것도 규칙 없이, 목적 없이 보이지 않는데 어떻게 당신이 규칙 없고 목적 없이 머물 수 있단 말입니까? 지진 같은 사건들인 자연재해는 우연의 장난감이 아닙니다. 예를 들면 지상에서 동, 식물들의 종들로 만들어져 입혀진 옷들이 (각각 서로의 위에, 서로의 안에 꽤 규칙적이고 수많은 자수가 새겨진) 머리부터 발끝까지 목적들과 지혜들로 장식된 것들을 보고, 또한 꽤 높은 목표들 안에서 완벽한 규칙으로 무아지경에 빠진 메블레비(Mevlevî)[89]처럼 돌리는 것을 알고 있음에도 불구하고….

이 지구의 인류, 특히 신앙자들이 탐탁해 하지 않는 부분인 등한시하는 태도들의 정신적인 부담으로 인해 어깨를 움츠리는 것과 비슷한 지진[90]과 같은 삶에서 생명을 앗아가는 사건들을 (어떤 무신론자들이 전파하듯이) 목적이 없고 우연히 일어나는 일로 생각하며, 재난을 겪는 모든 사람의 고통

---

89) 메블레비(Mevlevî): 이슬람의 소수 종파 중 하나인 신비주의적 성향의 종파. 우주와 온 세상이 돌듯이 쉬지 않고 빙글빙글 도는 의식을 하면서 경배행위를 합니다.
90) 이즈미르(Izmir, 튀르키예 서부 지역)에서 발생한 지진 때문에 언급하였습니다.

스러운 상실을 보상도 없고 쓸데없는 것으로 보여주며 무시무시한 절망에 빠지게 한다는 것이 말이 된단 말입니까? 더군다나 그것은 큰 잘못을 하는 것뿐만 아니라 (그로 인해 죽은 사람들을) 모욕하는 것입니다. 오히려 이러한 사건들은 자애로우신 분의 지혜 명령으로 신앙자들의 일시적인 재산을 희사하는 것으로 바꾸시어 영원하게 하시며, 은총에 대해 잊어버리는 것(배은망덕)으로부터 짓는 죄들을 사하게 하시는 것입니다.

필연적으로 그날은 올 것입니다. 즉 명령에 복종하는 이 지구가 자신의 얼굴의 장식인 인간의 작품들에 시르크(Şirk)[91]가 섞어져 있으며, 감사하지 않음으로 보며 역겹다고 느낄 것입니다. 그리고 창조주의 명령으로 거대한 지진을 통해 모든 얼굴을 씻어버리고 깨끗하게 해버릴 것입니다. 하나님의 명령으로 시르크(Şirk)를 하는 사람들을 지옥으로 던져버리며, 감사하는 자들에게는 "어서 천국으로 오세요."라고 할 것입니다.

---

91) 시르크(Şirk): 아랍어 사전적 의미는 '동반자가 되는 것'을 의미한다. 꾸란에 따르면 '그분 외에 다른 것을 그분의 조력자로 여기는 것'입니다.

머리말[92]

يَا اَيُّهَا النَّاسُ اعْبُدُوا رَبَّكُمُ الَّذِى خَلَقَكُمْ وَالَّذِينَ مِنْ قَبْلِكُمْ لَعَلَّكُمْ تَتَّقُونَ اَلَّذِى جَعَلَ لَكُمُ الْاَرْضَ فِرَاشًا وَالسَّمَاءَ بِنَاءً وَاَنْزَلَ مِنَ السَّمَاءِ مَاءً فَاَخْرَجَ بِهِ مِنَ الثَّمَرَاتِ رِزْقًا لَكُمْ فَلَا تَجْعَلُوا لِلّٰهِ اَنْدَادًا وَاَنْتُمْ تَعْلَمُونَ ۞

"인간들이여! 당신과 당신의 선조들을 창조하신

당신들의 주님께 경배하라.

그리하여 타끄와[93]의 수준으로 도달하라.

또한 당신들의 주님께 경배하라.

왜냐하면, 그대들을 위해 대지를 침상으로 하늘을 천정으로

두시고 하늘로부터는 비를 내리게 하였으니,

---

92) 리살레이누르 전집 중 İşaratü'l-İ'caz
93) 타끄와(Takva) : 자신의 의지를 하나님을 경배하는 데에, 자신의 이성을 하나님을 아는 데에, 자신의 마음을 하나님을 사랑하는 데에, 자신의 양심을 하나님을 보고 싶어 하는 열정을 가지는 데에 사용하는 것(리살레이누르 전집 중 Hutbe-i Şamiye)

이는 바로 지상에서 과일과 다른 양식들을 맺게
하시어 그대들에게 양식을 제공하기 위함이니라.
그러므로 하나님과 동등한 것과 동반자를 두지 말라.
그대들은 이를 알지 않느뇨.
하나님 이외에 경배받을 대상과 창조주는 없노라."[94]

신앙의 원칙들을 강하고 굳건하게 함으로써 능력[95]의 상태로 이끄는 것은 오로지 경배입니다. 그렇습니다. 하나님이 명령 하신 것들을 실행하는 것과 금지하신 것들로부터 피하는 것들로 구성된 경배를 통해 양심과 이성과 관련된 신앙의 원칙들을 훈련하며 강화하지 않는다면, 그 신앙의 결과물과 효과와 영향력들은 약해질 것입니다. 이는 이슬람 세상의 현 상태가 증인입니다.

또한 이처럼 경배는, 현세와 내세의 행복의 수단이 되는 것과 같이 현재 살고 있는 곳과 돌아갈 곳 즉 현세와 내세의 일들이 정리되게 하는 원인이며, 개인적이며 사회적인 성숙함의 수단이며, 창조주와 종 사이의 꽤 높은 관계와 명예로운 연결입니다.

---

94) 꾸란 2장 21-22절
95) 반복적으로 수십, 수백 번 행한 후 따로 애쓰지 않아도 자동으로 하게 되는 상태(원본에는 없지만 독자의 이해를 돕기위해 추가됨)

경배가 현세의 행복의 수단이 됨을 설명하는 관점들:

첫 번째: 인간은 모든 동물보다 더 우수하고 특출나게 신기하고 섬세한 본성으로 창조되었습니다. 그 본성으로 인해 인간에게는 다양한 경향들과 욕구들이 생깁니다. 예를 들면 인간은 최고로 선발된 것들을 원하며, 가장 아름다운 것들을 바라며, 화려한 것들을 희망하며, 인간에게 걸맞은 생계 수준과 명예롭게 사는 것을 바랍니다.

이러한 경향들에 따라 음식, 의복 그리고 다른 필요한 것들을 원하기도 하며, 적절한 방식으로 그런 것들을 확보하기 위해 수많은 전문직(직업들) 또한 필요합니다. 그러나 그 전문직들에 대한 지식이 없음으로 인해, 같은 종족인 인간들과 필수적으로 협력해서 노동의 결실을 동료들과 교환하는 방식으로 서로서로 돕게 되며 이로 인해 필요한 것들을 얻을 수 있게 될 것입니다.

그러나 예술가이신 분께서 인간에게 있는 식욕과 성욕, 분노의 감각, 지성의 감각에 제한을 두지 않으셨으며, 인간의 자유의지를 통해 반드시 발전되도록 이 감각들을 멋대로 하게 함으로 인해, 관계에 있어서 억압과 침범(공격)을 하게 됩니다. 이 침범(공격)을 막기 위해서는 인간의 공동체는 노동의 결실을 교환할 때 정의가 필요하게 됩니다.

그러나 각 개인의 지성은 정의를 이해하기에는 부족함으로 인해, 보편적인(종합적인) 지성이 필요합니다. 그로인해 개인들이 그 보편적인(종합적인) 지성을 활용할 수 있을 것입니다. 그렇다면 이 보편적인(종합적인) 지성은 오로지 법의 형식으로만 가능하게 됩니다. 그리고 그 법은 오로지 샤리아 입니다. 또한 그 샤리아의 효과와 집행과 실행을 하게 할 지휘관청, 통치자가 필요하게 됩니다. 그 지휘관청과 통치자는 오로지 예언자일 뿐입니다.

예언자이신 분은 외적, 내적인 군중의 지배를 유지하기 위해서는 물질적, 정신적인 우수함이 필요한 것뿐만 아니라, 창조주와의 관계의 깊이를 보여 주기 위해서 또한 어떠한 증거가 필요하게 됩니다. 이러한 증거 또한 오로지 기적들로 가능할 뿐입니다.

그런 후 전능하신 창조주께서 명령하신 것들과 금지하신 것들에 대해 복종과 순종을 확고히 하기 위해서 예술가이신 분의 위대하심을 머릿속에 확고히 할 필요가 있습니다. 이 확고함 또한 오로지 신앙의 원칙들이 보임으로 가능합니다. 신앙의 원칙들을 강화하고 발전시키기 위해서는 오로지 반복적으로 새롭게 된 경배를 통해 가능합니다.

두 번째: 경배란, 생각을 현명하신 예술가이신 분에게 돌리기 위함입니다. 종이 현명하신 예술가에게로의 향함은 복종과 순종의 결과를 낳게 합니다. 복종과 순종은 종을 완벽한 질서 안으로 향하게 합니다. 종이 질서 안으로 들어가는 것과 규칙을 따르는 것으로 지혜의 비밀이 실현되게 됩니다. 지혜란 삼라만상의 페이지들에 있는 빛나는 예술 자수들로 나타나게 됩니다.

세 번째: 인간은 중심센터처럼 모든 창조의 질서와 규칙들, 삼라만상에 있는 신(神)법의 섬광들의 중심센터입니다. 그래서 인간은 그 법칙들과 관계를 맺고 그 법칙들을 신뢰하며 붙잡을 필요가 있습니다. 그래야 일반적인 질서를 확보할 수 있으며, 세상의 각 층에서 돌아가고 있는 일들을 반대함으로 인해 그런 상황들 밑에서 으스러지지 않을 수 있습니다. 이 또한 오로지 그 명령과 금지하신 것을 지키는 것인 경배를 통해 가능합니다.

네 번째: 명령들에 복종하며 금지된 것들로부터 피하는 것으로 인해, 개인은 사회 공동체에서의 많은 수준과 관계를 맺게 됩니다. 특히 종교의 원칙들과 공통적인 일의 측면에서 한 개인은 종(種, 종류)과 같이 됩니다. 즉 수 많은 권리, 명예, 올바른 길로 안내하는 것, 가르침, 개선과 같은 의무들이 그 사람에게 맡겨집니다. 만일 그 명령에 복종하고, 금지된 것들로부터 피하는 사람이 없다면, 그 의무들은 완전히 폐허가 됩니다.

다섯 번째: 인간은 이슬람 덕택에, 경배로 인해 모든 무슬림들과 확고한 관계를 맺고 있습니다. 또한 흔들리지 않는 유대감과 소속감을 얻게 됩니다. 이로 인해 흔들리지 않는 형제애와 진실한 사랑을 야기하게 됩니다. 사회 공동체의 완벽함과 발전의 첫걸음은 형제애와 사랑입니다.

경배가 어떻게 개인의 완벽함의 원인이 되는지에 대한 설명:

인간은 육체적으로 작고, 약하고, 무능력함과 더불어 동물로 여겨짐에도 불구하고, 무척 높은 영혼을 가지고 있으며, 엄청난 능력을 갖추고 있습니다. 이와 더불어 제한 시킬 수 없는 경향들을 가지고 있으며, 무한한 바램을 가지고 있으며, 셀 수 없는 아이디어를 가지고 있습니다. 또한 제한 없는 성욕과 분노의 힘도 가지고 있습니다. 마치 인간은 모든 종과 세상들의 색인으로 창조된 것과 같은 꽤 신기한 창조물입니다.

이처럼 이러한 인간의 그 높은 영혼을 확대하는 것은 경배입니다. 능력들을 발전시키는 것은 경배입니다. 욕망들을 구별하며 정화하는 것은 경배입니다. 바램들을 실현하는 것은 경배입니다. 아이디어들을 확대하고 정리하는 것은 경배입니다. 성욕과 분노의 힘을 조절하고 제한하는 것은 경배입니다. 외부와 내부 장기들과 감정들을 더럽힌 자연의 녹(綠)을 없애는 것은 경배입니다. 인간을 자신을 위해 정해진 완벽함에게 도달하게 하는 것은 경배입니다. 종과 숭배를 받으시는 분 사이에 가장 높고 가장 매력적인 연결은 경배입니다. 그렇습니다. 인간의 완벽함의 가장 높음은 이 관계와의 연결입니다.

주의: 경배의 본질은 이흐라스(İhlâs)[96]입니다. 이흐라스

---

96) 이흐라스(İhlâs): 오로지 알라의 만족을 위해 하는 모든 행위

(İhlâs)란, 행해지는 경배는 오로지 명령받았기 때문에 하는 것입니다. 만일 다른 목적이나 이득이 경배의 이유가 된다면, 그 경배는 효용이 없게 됩니다. 목적이나 이득은 오로지 선호하게 할 수 있지만, 본질적인 목적이 될 수는 없습니다.